能言巧辯

心理專家沒說的幽默攻心術

龍逸文——著

生活需要快樂　幽默無需理由

幽默並不是油腔滑調，更不是嘩眾取寵，

只有那些從容、機智、平等待人的人，

才能夠掌握幽默的真諦。

前言

生活需要快樂，幽默無需理由。

幽默是人們日常交際中，最爲特殊的情緒表達，是透過機智和敏捷，指出別人的缺點或者優點，在微笑中，對別人的行爲加以否定或者肯定的行爲。幽默並不是油腔滑調，更不是嘩眾取寵，相反的，只有那些從容、機智、平等待人的人，才能夠掌握幽默的眞諦。

幽默對於人們的消極情緒，有很好的淡化作用，它能夠幫助人們消除沮喪和痛苦。在許多人看來是很頭疼的事情，懂得幽默的人則可以很輕鬆地應對，他們的生活更有情趣。

其實，幽默除了能夠讓人心情愉悅之外，它還有其他的重要作用。

首先，幽默可以促進人際的交流，能夠提高人際影響力。在很多場合，嚴肅和直接的交流方式，可能會導致衝突或者尷尬，此時，幽默就是一種很好的選擇。幽默感在人際交往中所帶來的促進作用，讓現代人越來越重視它，在人際交往中，它可以有效地化解分歧、加強人際溝通、緩解人際交往中的突發尷尬事件等等，它讓我們的交際變得輕鬆又簡單。

其次，幽默可以促進認知和社會行爲能力。有心理學家做過研究，幽默所引起的愉悅情緒，能夠提高人的認知能力和社會行爲。幽默可以讓人更加有效地整合記憶、更直接地做出思考和判斷、提出更有創造性的問題解決辦法，幽默還能夠提高人的情商，促進人們高尚情操的形成。

最後，幽默還可以緩解人們工作和生活中的壓力。現代社會的節奏越來越快，工作中的競爭變得更加激烈，人們總會有身心疲憊的感覺，焦慮症、抑鬱症頻發，心理學家認爲，幽默是一種很好的緩解壓力的緩衝器，雖然它無法改變生活中的壓力，但是它可以減少壓力對人們健康的損害，而且這種作用已被人們普遍認同。

幽默還可以拉近人與人之間的距離，消除人們交往的隔膜。生活中的每個人都應該學一點幽默，多一點幽默感，生活才會變得有滋有味。

幽默感在我們的工作和生活的多方面有著重要意義，本書從如何培養幽默感，到生活和工作各個場合中如何應用幽默感，均做了詳盡的介紹，並且透過一個個幽默的故事，感悟出生活的眞諦，讓人們眞正地領略幽默的魅力。

目錄 CONTENTS

第三章 幽默@管理，何以消愁，唯有幽默，笑著做管理

第四章 幽默@友情，娛人樂己的開心果

目錄 CONTENTS

第七章 幽默@演講，讓掌聲與笑聲共鳴

目錄 CONTENTS

目錄 CONTENTS

Chapter

第一章

幽默@職場，快樂工作的潤滑油

辦公室裡那些能夠給大家帶來歡樂的人，都被同事們稱爲開心果。他們是辦公室裡最爲活躍的分子，他們到處都能得到人們的喜歡，自然他們工作起來也是事半功倍。辦公室的幽默是工作的潤滑劑，可以讓工作更好地發展，當然，它也有它的禁忌，需要我們注意。

1 讓自己成為辦公室的開心果

蔣小琴是一家公司裡很普通的一名員工，能力中等，但是她個性活潑、樂觀開朗，也喜歡講笑話。

每當午休的時候，蔣小琴的笑話就會把大家逗得哈哈大笑。大家都讚揚她，蔣小琴自然也是「不負眾望」，在任何時候都能夠給大家帶去歡樂，在工作中大家也都願意幫助她。

上面的故事其實就是在告訴我們，職場中幽默很重要，它很有可能幫助我們取得成功，幽默的人樂觀豁達，他們在工作中也很少出現焦躁和緊張，他們能夠想方設法，讓自己保持良好的心態。

既然這樣，我們就需要在工作的過程中，想辦法培養自己的幽默感，只有這樣，我們的工作效率才能得到提升。

首先，你需要在工作中不斷擴大自己的交際面，這樣有利於緩解工作的壓力，同時也可以在大家相互熟悉之後，更好地釋放自己幽默的能力。

其次，要懂得釋放壓力，對自己不要有不切合實際的要求，同時對於別人的看法或者別人的玩笑，也可以接受。

再次，要掌握一些幽默的竅門：一、提高自己的語言表達能力，並且發揮想像力，可以將不同的事物聯繫在一起，從而產生意想不到的效果；二、平時，也可以開自己的玩笑，從而打開僵局；三、注重形體和語言的結合和搭配。

在工作的過程中，如果能夠巧妙利用幽默，就可以在辦公室中不斷積累自己的人氣，慢慢的同事對你的評價就會越來越高，所以，努力在辦公室中成為一個眾人喜歡的幽默者吧。

2 用幽默的方法解決工作中的矛盾

同事在一起，難免會發生小摩擦，這些小摩擦如果不能處理好，就很容易引起工作的不順利，甚至生活的不如意。其實當遇到這種情況的時候，只需要幽默一下，相互之間的矛盾就會煙消雲散。

李雪娟來到公司不久，就發現公司裡有一位自私自利、又愛多管閒事的女同事，而且這位女同事和他住在同一個宿舍裡，晚上看電視，遙控器永遠都是在對方手裡，因爲這件事情，兩人沒有少吵架。

後來這位同事榮升爲辦公室主任，她總是和李雪娟過不去，李雪娟決定改善兩人的關係。

有一天，李雪娟很早就到了公司，她把上班之前該做的一些事情全部處理好之後，就聽到了咚咚咚的皮靴聲，李雪娟知道是那個同事來了。

「今天你親自上班啊？」沒等到李雪娟說話，對方先說，因爲前兩天李雪娟曾讓同事代她上了一天班，本來今天李雪娟是休息的，她今天專門是代幫他上班的那位同事上班的。

「是啊，今天親自來上班了。」李雪娟說著，接著順著對方的話說：「聽到皮靴的聲音，我還在想是誰，風度翩翩地來了，抬頭一眼原來是您啊。」

「少來了啦。」

兩人就在你一言我一語中，慢慢放下了曾經的矛盾，從此以後，兩人經常相互調侃，不知不覺間兩人的關係融洽了很多，辦公室裡時常能聽到他們兩人的笑聲。

透過這個故事可以看到，幽默的方法可以緩解雙方之間的矛盾，這種方法是理想化的，是易於雙方接受的，這裡給大家介紹一些同事之間相處的方法：

首先，保持一定的距離，但要善待同事。

和同事之間保持一定的距離，不要把任何事情都告訴同事，但是這並不代表著遠離同事，對待同事還要充滿善意，如果遇到對方在開你的玩笑，只要不超過你的原則，就可以接受；同樣也可以和對方開玩笑，當然也不要觸及到對方的原則。在和同事相處中，要以寬廣的胸襟接受對方，只有這樣，自己的人際關係才會越來越好，辦公室裡也就越來越融洽了。

其次，工作不能帶著情緒，也不要談及別人的是非。

不要將個人的情緒帶到工作中，前一天工作中的不愉快，也不要帶到下一天的工作中，更不要把自己工作中的不愉快，發洩到同事的身上。在和同事相處的過程中，時刻想著是不是自己有錯，而且不要挑別人的錯，這樣做了，相信時間久了，和同事之間的關係會越來越融洽。

在工作的過程中，自然不能隨便談論別人，這個是工作中的大忌，休息的時候可以藉助上文所介紹的方法和同事開開玩笑，但不要和同事對另外的同事評頭論足。

3 玩笑不是人身攻擊

幽默可以促進工作的效率，在繁忙的工作中，會讓整個氣氛變得輕鬆，但是在工作中的玩笑一定要注意尺度，如果發展成了人身攻擊，就會讓同事之間的關係變得尷尬，甚至感情會破裂。

小雪很聰明，但就是說話的時候不注意，經常因為一句玩笑話，引起同事間的不愉快。

有一次，同事們在一起聊天，一個很豐滿的女孩說：「雜誌上說，我們身體需要的營養，比我們攝入的要少很多，發胖很大程度是因為自己沒有管住嘴。」

小雪接上就說：「是啊，文章的標題，我猜叫做『活該你胖』吧。」

有同事說：「女人就是有買衣服的權利，你可以買著不穿，甚至送人，但就是要買。」

小雪就說：「照你這樣說，胖子都有流哈喇子的權利。」

有人說：「年輕的時候把保險上齊了，老了就有保障。」

小雪就說：「什麼啊，難道那些沒有保險的，都是自己走到火葬場去燒的？」

小雪的每句話，自己認為說得很順，也很好笑，但是卻讓聽的人感覺到很不舒服。

所以，同事之間一定要注意說話的藝術，在幽默的時候也是一樣。

有一位頗有名望的作家去一家書店閒逛，書店的老闆自然是很開心，連忙把書架上的書都撤了下來，全部換成了這位作家的書。作家到書店後一看，心裡很開心，就說：「貴店只售本人的書嗎？」

老闆隨口說：「當然不是，其他的都賣掉了。」

作家聽後很生氣。

說者無意，聽者有心，書店老闆最終都不知道，自己到底什麼地方得罪了作家。

本來書店的老闆想要奉承對方，結果卻侮辱了對方，故事裡面我們能讀出來，好像作家的書沒有人買似的。

王曉靜是個聰明的女孩，她語言犀利，腦子裡都是些幽默的語言，在公司裡她就是一顆開心果，但是王曉靜始終得不到老闆的青睞。

王曉靜經常為了工作，一大早就趕到客戶那裡談生意，疲憊不堪地回到公司，老闆對此並不領情，反而因為她早上沒有來而算她曠工，王曉靜很委屈，就向朋友們訴苦，朋友們就提醒她：「你有沒有在語言上對老闆不敬過？」

王曉靜這才想起來。原來，王曉靜平常喜歡和同事們開玩笑，後來發現他們的老闆是個很斯文的人，於是就開起了老闆的玩笑。

有一天，老闆穿一身筆挺的西裝進了辦公室大門，王曉靜很誇張地說：「老闆，今天穿新衣服了？」老闆咧嘴笑著，還沉浸在喜悅中的時候，王曉靜就又說著：「看著像個大灰狼。」老闆聽到這裡臉立刻變了顏色，轉身就走了。

辦公室中的玩笑，的確可以拉近同事之間的距離，但是如果轉化成了人身攻擊，就會讓場面尷尬，它的破壞力同樣巨大，故事中的王曉靜就是因爲這個原因，始終沒有得到重用。

在工作中生活中，喜歡開玩笑的人，往往都是喜歡挑毛病的人，如果不能夠注意尺寸，就很容易被別人視爲「刻薄」，也很容易引起別人的反感。所以在工作中一定要注意到這一點。玩笑在很大程度上是一種智力的遊戲，就像那些開玩笑的高手，一旦開腔，就很容易引起所有的大笑，不會引起別人的反感。

在我們的現實生活中，人們都是可以接受一定的玩笑，但同時也會拒絕一些玩笑。這種情形或許和個體內在的壓抑或者內心的創傷有關係。如果某個玩笑正好觸及到了對方內心的創傷上，從而激起對方記憶上的痛苦，即便對方是隨和的人，也很容易引起別人的反感。

某一日，有人在郊外發現了一具屍體，警方也迅速趕來，經過勘察，警方確定死者是被人用銳器刺死，場面令人慘不忍睹。經過一系列的調查工作，確定死者是一位姓張的老頭，根據附近鄰居的反映，他家中有一個青年幫工，案發後就不知去向了。

警方立即將這個幫工作爲重點懷疑對象，並派出警力四處查找，最後這個幫工終於被抓獲，並且在他的家中找到了剛剛洗過的、尚還帶著血跡的衣服和鞋子，經過審問，幫工交代了殺害張老頭的事實，令人震驚的是，這件殺人案件竟然源自於一句笑話。

幫工說，他自幼喪父，與母親一直生活在一起，後來母親改嫁，可繼父不久之後也暴病身亡。幫工出來自己打工，就在張老頭的魚塘裡工作，他整天和這個老頭子在一起，有一次老頭子開玩笑說，他想和幫工的寡母睡覺，第二天，老頭子又說了些難聽的話，這讓幫工感覺到非常氣憤，於是，他怒火中燒殺害了這個亂說話的老頭子。

或許張老頭只是和幫工在開玩笑，但是他的玩笑觸及到了對方的身世，也觸及到了對方的母親，這種人身攻擊，幫工自然受不了，最後還招致了殺身之禍。

喜歡開玩笑沒有錯，但是在開玩笑的時候，一定要注意自己的語言，不要讓這些語言成爲對對方的人身攻擊，這樣不僅對對方不好，甚至還會帶來自己的殺身之禍。

4 注意開玩笑的尺度

如果你到一家公司工作，無論你是想平步青雲，還是默默無聞，都要在辦公室中注意開玩笑的尺寸問題，即便是最爲輕鬆的玩笑，也要加以注意。

辦公室中開玩笑，尤其是要講究說話藝術，如果尺度把握不好，就會引火上身。當然，這裡並不是讓人們在辦公室中三緘其口，只是讓大家注意別人的禁忌。下面給出一些禁忌，供大家參考：

不能板著臉開玩笑

幽默大師可以自己板著臉，但是能讓觀眾哈哈大笑，我們的生活沒有幽默大師，所以我們在開玩笑的時候不要板著臉，因爲你板著面孔所開的玩笑，很容易讓人誤解。

不能開上司的玩笑

上司永遠是上司，所以不要期望可以和上司成爲朋友，即便對方是你曾經的同學甚至下屬，也不要自恃以往的關係，來拉近現在的交情，特別是在有其他人在場的情況下。

不能拿同事的缺點和不足開玩笑

金無足赤，人無完人，不要用別人的缺點來開玩笑，可能是你隨意的玩笑，但是在別人的耳中，這些語言就成爲了諷刺，倘若對方是個比較敏感的人，你的話很有可能會激怒對方，要知道，有些話一旦說出了，怎麼解釋都沒有用，後悔自然也來不及了。

不要和異性開過分的玩笑

辦公室中的玩笑可以調節氣氛，但是異性之間的玩笑還是要注意，千萬不能過分，尤其是那些聽起來有些色情的笑話，因爲這些都可能降低你的人格，會讓對方認爲你思想不夠健康。

捉弄人並不是開玩笑

捉弄別人是對別人不尊重的表現，捉弄別人和開玩笑完全是兩碼事，這樣做，輕的會觸及同事之間的感情，重則甚至會引發血案，危及自己的生命，一定要管好自己的嘴，千萬不要讓禍從口出，要不然，後悔都來不及。

開玩笑的時候要注意分寸，不要任何場合都在大大咧咧地開玩笑，這樣時間長了，同事就會認爲你不夠莊重，自然也就不會再去尊重你了。

5 和領導開玩笑的技巧

在工作中對上級領導需要尊重，儘量不要和領導去開玩笑，如果對方是個心胸開闊的領導，笑笑也就罷了，如果遇到心胸狹窄的領導，可能會遭到他日後的報復。

面對領導，不是說所有的玩笑都不可以開，有時候積極的、能夠展現出自己對工作、對公司的積極性的玩笑，當然是可以開的。

有個人曾經去一家公司求職，負責人說：「不好意思，名額已經滿了，要到我們公司的人太多了，我都登記不完了。」

這個人聽後很開心地說：「太好了，既然您都忙不過來，那就讓我來給您做個登記員吧！」

這樣的一句玩笑話，不但不會傷及負責人，而且還會贏來對方的好感，之後相信這位求職者能夠在這家公司謀得一個職位。

歷史上有很多大臣，對於上級或者皇帝是忠心耿耿，但是到最後卻落得個被處罰的下場，他們這些人，有些就是因爲不知道如何去處理和領導之間的關係，他們總是有什麼說什麼，試想，他們如果把事情以玩笑的方式說出來，這樣既提醒了領導，還保全了領導的面子，自然就不會給自己帶來殺身之禍。

因此，在和領導相處時，想和領導開玩笑，就請注意以下幾點：

一、領導心情好的時候

在領導心情不錯的時候，可以和領導開開玩笑，但是依舊要注意一個尺度的問題，要做到點到為止，如果對方並不喜歡自己的玩笑，那麼就趕緊透過轉換話題的方式，將整個場面引到另一個話題上。

二、領導和你開玩笑的時候

如果領導和你開玩笑，那麼你也可以放鬆一下，沒有必要緊繃著自己的神經，其實，這種領導都是比較開放、比較民主的領導，所以和他們交往時可以輕鬆一些，但是並不是說和他們在一起就可以為所欲為。

三、領導取得成功的時候

如果領導在某個領域中取得了成功，這個時候就可以和領導開開玩笑，這其實也是在告訴領導，對於他的成功，你是由衷的開心，領導自然也會將你作為他的心腹。

在工作中，和領導相處也是一種藝術，我們一定要把握和領導開玩笑的尺寸，如果把握不好，最後受傷害的只能是自己。

6 用幽默的方式來表功

很多員工在工作的過程中很努力，也做了很多工作，但是最終卻不被老闆所賞識，只能是在最底層的職位上盤桓。

相信沒有人願意一輩子做一個普通員工，拿不到自己應該有的報酬，既然這樣，那就不要沉默了，懂得和上司溝通，將自己的成績「表白」出來，這樣不僅容易讓上司看到你的工作和成績，同時也利於上司提拔你。

于小前在公司裡工作已經有三年了，能力也不差，人緣也很好，但是眼看著公司比自己來得晚的人，一個個得到了提拔，可自己還是在原地踏步，心有不甘。

後來自己才想明白，自己雖然工作上有成績，但是自己不懂得給上司表功，所以自己這些年一直沒有得到提拔。

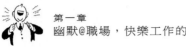

有時候，于小前也很鬱悶，上司爲什麼不能自己去發現人才呢，需要自己誇自己，這難道不是自己給自己「歌功頌德」嗎？

要想在人才濟濟的職場中脫穎而出，就需要不斷努力，同時懂得爲自己邀功請賞，讓領導看到你的成績，這樣可以讓自己得到更好的發展。

當然，要給領導表功，最好用到幽默的方式，而不是直接上來就說自己有很大的功勞。

7 尷尬的氣氛中用到的幽默

幽默充滿著神奇的力量，不管是工作還是生活，我們都需要幽默。如果你的上司是一個特別喜歡批評人的人，那麼你就特別需要懂得利用幽默，來消除批評時的尷尬。

一般的工作中，這種事情是無法避免的，受到領導的指責和批評的時候，如果不是因爲自己有太大的問題，盡可以找一些無關痛癢的笑話，來消除尷尬的氣氛，不僅給自己找來了臺階，而且還緩解領導的火氣。

有兩個同齡的年輕人，同時受雇於一家公司，薪水也是一樣的，但是一段時間之後，一個姓張的小夥子平步青雲，而一個姓劉的小夥子還是原地踏步。小劉很不滿意領導對他的態度，認爲自己遭受了不公正的待遇，終於有一天在老闆那兒發牢騷了，老闆一邊耐心聽完了他的牢騷，一邊想著如何解釋清楚他和小張之間的區別。

「小劉啊，」老闆終於開口了，「這樣吧，你現在和小張一起到集市上，看看今天都在賣什麼？」

小劉回來的時候，向老闆報告說：「早上集市上有一個農民，拉了很多黃瓜在賣。」

「有多少黃瓜？」老闆問。

小劉於是又趕緊跑了一趟集市，回來後，告訴老闆有五十袋黃瓜。

「那麼價格是怎樣的？」

小劉第三次跑向了集市。

等他回來，老闆給他說：「這樣吧，你等等看別人是怎麼幹活的。」

過了一會，小張從集市上回來了，向老闆彙報說：「今天有一個農民在賣黃瓜，總共有五十袋，價格是xxxx元，而且他們家的黃瓜賣得比其他家都要好。」說完，小張又拿出幾個黃瓜說：「這個是樣品，既然他們生意那麼好，一定是有原因的，我拿回來一些研究一下，您讓我去看市場上有什麼，那說明您有用，所以那個農民也在樓下了，您要回話給人家嗎？」

此時老闆轉過頭給小劉說：「現在你知道人家比你工資高的原因了吧？」

「是的，我已經知道了。」小劉對老闆說。

「那是什麼原因呢？」

「因爲我沒有把賣黃瓜的老頭帶回來。」小劉裝做很懊惱地說。

本打算好好教訓小劉的老闆，聽到這裡也噗哧笑了起來。

故事中的小劉，就是一個善於用幽默的方式，來消除因批評而引來尷尬氣氛的人，我們需要學習他的這種本領。

當然，要學好這種本領，首先需要學會如何不做作地講笑話。講笑話一定要符合前因後果，否則會讓對方有聽不懂，或者感覺到沒有意思。

其次，不要重覆那些滑稽的動作，如果一個平常不苟言笑的人，突然在人們面前表演翻跟頭，而且在自己的腦袋上摔出了一個包的時候，大家肯定會笑出聲來。但是如果這個人不斷表演這個動作，而且一直摔出一個個的大包來，那麼笑聲就會停止，人們甚至會生出憐憫之心，認爲這個人有毛病。再比如，一個本不是幽默的人，但是卻要硬裝做幽默的方式去講演，那麼這場講演肯定會失敗，甚至會招來別人的反感。

第三，不要有事先提醒的行爲出現，比如你還沒有開始講笑話，就事先告訴人們說，這是一個非常好笑的笑話，那麼笑話即便再好笑，也會大打折扣的。

第四，說笑話不要勉強，不要把沒有關聯的話扯到一起，這樣做無疑是在浪費時間，毫無意義。因此即便你有一個很好笑的笑話，如果和當時的主題關係不大的話，那就不要說出來，笑話和玩笑的目的是在刺激話題，如果和主題無關，就不要再浪費時間了。

第五，透過你的笑話，展現出人性的光輝來，讓人們展露出理性的笑容，最好的幽默是能夠擁有溫暖感覺的，而不是刻意裝出來的。

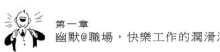

第六，笑話中不要帶有明顯的諷刺話語，這樣做很令人反感，至於那些帶有攻擊性的笑話，就更不要說了。

第七，一個好的笑話，往往是具有獨創性的，眾所周知的笑話，透過改變一個小細節，透過給故事增添一些時效性，同樣可以收到很好的效果，這種舊瓶子裝新酒的方式，可以讓更多的人哈哈大笑，在老年朋友和青年朋友中，都能夠取得不錯的效果。

另外，幽默可以用在一些氣氛比較尷尬的事後，比如，同事的工作出現了失誤，千萬不要去挖苦對方，更不要嘲笑對方，這樣做雙方都不會得到歡樂，換來的只能是對方對你的仇視，與其這樣，還不如換一個笑話，這樣一笑之後，尷尬消除了，同事之間的關係更好了。

透過上面的一些方法，我們可以學到一些處理尷尬氣氛時的幽默本領，當然，這些都需要我們不斷練習，用到爐火純青的時候，我們就可以在幽默中受益了。

Chapter

第二章

幽默@人脈，打開黃金人脈的萬能鑰匙

幽默在我們生活的各個方面都會出現，我們必須承認，一個善於利用幽默的人，是個魅力十足的人，一位心理學家曾經講過：「如果你能夠讓一個人對你有好感，那麼你就可以讓身邊的所有人，甚至全世界的人都會對你有好感。只要你不是利用到處和人握手的方式，你的友善、風趣和機智，就可以讓你們之間的關係一直保持下去。」

幽默最大的特點就是讓別人發笑，換來別人的歡樂和輕鬆，如果能夠很好的將幽默的方式用到社會交際中，我們就會收到意想不到的效果。

1 幽默可以讓你擁有一個良好的社交

不管我們做什麼工作，不管我們的社會地位是怎樣的，我們都需要和別人交往，幽默始終都能夠幫助我們良好的和他人溝通，並且能夠幫助我們解決一些問題，從而順利渡過難關。

幽默可以幫助我們在社會交往中，與其他人建立良好的關係，我們都希望能夠成爲別人眼中克服困難、具有客觀態度以及值得別人尊重的人，幽默可以幫助我們達成目標。

在社交場合中，如果一眼看穿了他人的想法，不妨輕鬆自若地使用幽默的方法。著名喜劇女演員卡洛柏妮，曾經有一次到一家餐廳裡用午餐，這時正好有一位老婦人走向她的餐桌，舉手摸了一下卡洛的臉龐，然後她的手指滑過她的五官，之後她說：「看不出有什麼好。」

「那省下您的祝福吧，」卡洛柏妮說：「我看起來也沒有那麼好看。」兩人的對話立刻打破了雙方的尷尬。

假如我們想在社交中留給別人一個良好的印象，就需要運用幽默的方式。不管是做客還是招待客人，我們都需要這樣去對待，當我們和別人剛一接觸的時候，就要把幽默的力量傳遞給對方，想想誰都想看到一個面帶微笑、積極健康，而不是一臉萎靡不振的樣子的人。紐約一位著名的商人約翰・克爾斯就曾經說過：「客人發出的最美妙的聲音，就是笑聲了。」

幽默在任何時候、任何地方，都可以帶給人們之間很好的溝通，並且使人們的話語變得有人情味。比如你要去一個朋友新搬的家中赴宴，主人如果有些緊張的話，這個時候你就可以用幽默的方法，打破尷尬的場面，讓氣氛變得鬆緩，你可以給其他客人說：「X小姐在邀請我的時候說，『到門口你用手肘按一下門鈴就可以了』，我於是問她，爲什麼要用手肘呢，她說：『天啊，你的手中該不會是空的吧。』」

因爲社交、政治興趣以及業務愛好等方面的原因，使得我們的生活中，存在著很多的社會團體，這些團體的聚會，其實就是一個小社會，在這些小社會中，不管你擔任是的怎樣的角色，你都需要運用幽默的力量，讓自己獲得不錯的利益。我們只有合理地運用幽默，用自己幽默的行爲舉止去影響別人，慢慢的我們就在這個小團體中變得重要而受人歡迎，在社會這個大集體中同樣也是。

2 幽默可以幫助你打開交際局面

幽默最大的特點就是讓人發笑，讓別人感覺到快樂，得到精神上的愉悅，將這些用在社會交際中，會起到很大的作用。

在社會交際中，那些語言幽默的人，往往能夠得到眾人的喜歡；說話平淡的人，則會成爲社會交際中的失敗者。在交際中，請嘗試著用幽默來打開局面吧。

在社交中運用的幽默，有時候可以拿自己開刀，適當自嘲一下，或許會得到更不錯的效果。哥倫比亞大學校長在一次登臺演講的時候，將著名律師迪特介紹給聽眾：「他算得上是我國第一位公民！」迪特對於這樣的一個評價想加以利用，於是他開玩笑說：「那，現在第一公民要開始演講了。」如果他按部就班，眞的把自己當成第一公民開始講話，那就沒有意思了。

那他該怎麼辦呢？他是這樣說的，他說：「剛才校長先生介紹到了一個名詞，我剛開始聽不懂，第一公民指的是什麼呢？我現在才明白，那應該是莎士比亞戲劇中所經常提到的公民吧。看起來校長先生是個對莎士比亞戲劇很有研究的人，大家看過莎士比亞的戲劇應該都知道，那些第一公民往往都是只有幾句臺詞，而且是毫無口才可言的。但是他們一般都是好人，就算是把第一和第二換一下，也沒有多大關係。」

迪特的這番話，立刻引起了大家的掌聲。

在生活中多用些幽默的語句，這樣可以使我們的身心得到緩解，對於別人也有好處，讓他們從我們的語言中，得到非同一般的喜悅和新鮮感。

我們再來看一個幽默的故事。

有一次，美國的前總統雷根在白宮講話，他的夫人南茜女士，不小心從椅子上掉了下來。正在講話的雷根看到夫人並沒有受傷，於是說：「親愛的，我告訴過你的，只有我沒得到掌聲的時候，你才可以這樣表演。」總統的一句話，立刻得到了大家的熱烈掌聲。

本來是一件很尷尬的事情，不管是埋怨還是置之不理，都會讓聽眾感覺到尷尬，這些在社交中都是危險的信號，但是雷根總統卻是用幽默的方式化險爲夷，用出奇制勝的方法，得到了極佳的效果，不僅顯示了他的機智和豁達，而且還拉近了和聽眾的距離。

幽默是社會交際中必不可少的一部分，也是能夠讓社交氣氛活躍的最好的調料，它能增進人們的關係，能夠帶給別人歡樂，讓人忘記自己遇到的不快之事，而且能夠幫助人們擺脫困境。

在一次宴會上，蕭伯納遇到了一個肥胖的資本家，資本家看到瘦削的蕭伯納，就想諷刺一下他，於是他說：「蕭伯納先生，看到您，我就知道這個世界還在鬧著饑荒。」

蕭伯納笑著回答說：「看到了您，我就知道鬧饑荒的原因了。」

在現代的一些調查中表明，幽默能夠讓參與者之間產生一種強烈的認同感，即便是相互敵對的雙方，也能夠在幽默中增加感情。幽默本身就能夠拉近人們之間的感情，他們在笑的過程中，相互認可了對方。

相互仇視的人，也會在幽默中化敵爲友，這種事情眞的很多，眞正聰明的人都會利用幽默，讓自己的社交之路變得更加平坦、更富有人情化。

如果你希望自己有所成就，希望自己可以引人注目，並且建立良好的社會交際，就需要在生活中多加鍛煉自己幽默的能力，這樣你就會處於不敗之地。

美國前總統林肯，深受美國人民的愛戴，但是他本人的相貌長得是非常難看，按道理這不應該討別人喜歡的，林肯也認識到了這一點，但是他並沒有迴避這個問題，而是藉助這個問題來拉近他和別人之間的距離。

有一次，林肯的一個政敵說他是兩面派，林肯沒有生氣而是很平和地說：「現在，讓所有的聽眾評評理，如果我還有另一面的話，那我還會頂著這付難看的面孔出來見人嗎？」

適當的幽默、適時的幽默，不僅顯露了林肯幽默、豁達的品質，而且還贏得了聽眾的支持和理解，更加表露了自己的人性化的一面。

當然，幽默無法代替一些實際的解決方法去解決問題，它不能讓你變得更瘦，不能讓你變得更帥，也不能幫助你在考試中取得高分，但是它可以幫助你調節人際關係，可以幫助你建立良好的人脈，在之後的生活和工作中，即便遇到問題，也會有更寬廣的路子去面對。讓我們學會幽默的方法，用這種方法解決工作和生活中面對的問題和困難。

3 藉助幽默的潤滑作用

在如今這個繁雜的社會中，幽默無疑是一種最好的調節人際關係的潤滑劑，可以增強人與人之間的溝通。藉助幽默的微微一笑，代替抱怨和爭吵，幽默所產生的笑容，可以縮短表達者和接受者的心理距離，可以消除人們之間的敵對關係，可以讓人們之間的關係更加和諧。

美國當代心理治療專家彼得曾經說過：「和同事之間進行聊天，如果能夠說些工作之外的幽默，這樣可以更好的促進溝通，即便雙方之間的政治觀點、宗教信仰甚至嗜好有所不同，但是在相同的幽默面前，大家會形成共同的話題，比那些和職業有關係的笑話，更能夠改善同事之間的關係，促進雙方的感情交流。」

美國自然科學家肯蘭德．洛倫茲，也有過幾乎相同的觀點，他說：「笑能夠在參與者之中產生強烈的認同感，在放聲大笑中，能夠產生非同一般的緊密默契，就像人們因爲觀念相同而產生的感情一樣，在同一事物中的可笑性，不僅是一種友誼的表現，甚至是形成友誼的重要一部分。」

就像卓別林這些喜劇人物一出現，立刻就迎來了別人的笑聲，不管是他的動作、他的語言還是他的表情，他們的任何舉動，都能夠讓人們愉悅，同時也會得到人們的認同，這就是幽默的力量。

世界上的任何人都喜歡幽默風趣的語言。比如中國傳統的文藝晚會中，總是會有相聲和小品的節目，這些節目都會不同程度上，受到觀眾們的認可。這就是因爲相聲和小品的表現形式離不開幽默，它們幽默的語言可以感染觀眾，幽默的語言能夠抓住觀眾，讓觀眾平心靜氣中享受幽默的趣味，同時也可以讓觀眾有更大的心理收穫。

在美國南北戰爭的時期，一位將軍從前方給林肯發來電報，林肯認爲電報上的記載太過於簡單，於是回電說，讓對方儘量詳細記載。

這位將軍是個性格比較急的人，看到電報後就有點不開心了，於是又給林肯補拍了一個電報，上面寫道：「繳獲了六頭母牛，請指示。」

林肯看到電報後，知道這位將軍的脾氣，於是給回電報說：「請速擠牛奶。」將軍看到之後哈哈大笑，兩人之間的矛盾也就此解開了。

透過這則幽默的電報，我們可以看到一個領導人的幽默和大度，面對怒氣衝衝的將軍的電報的時候，林肯並沒有對對方的荒唐而大發脾氣，只是很巧妙地藉助語言的力量，消除了雙方的矛盾。

在我們的日常生活中，同樣會遇到很多尷尬的境地，如果稍微處理不當，就會導致不良的後果，如果人人都能夠像林肯那樣，我們乏味又緊張的生活相信會好很多。

4 幽默能讓你受到更大的歡迎

幽默是人際交往中的吸鐵石，他可以迅速將身邊的人聚集起來，同時它又是轉換器，它可以轉換人們的痛苦爲歡樂，同時也可以轉換人們的沉悶爲歡暢。生活中的人們都喜歡和幽默的人成爲朋友，不願意和一個悶悶不樂、做事呆板木訥的人相交往。

在一些場合中，幽默的口才可以讓人們之間更加親近，同時也可以消除陌生人之間相處的尷尬和不安，讓人們緊張的情緒鬆懈下來，從而受到更多人的歡迎。

在一個非常狹窄的小巷子裡，兩輛車相遇了，車停下來後，兩個司機都不願意給對方讓路，他們對峙了很長一段時間，其中有一個司機居然拿出一本書，津津有味的看了起來，另一個司機看到這一幕後，說：「老兄，快點看，看完借我也看看。」

這句話逗樂了看書的司機，他主動把自己的車倒了出去，然後兩人冰釋前嫌，還交換了名片，成爲了關係很不錯的朋友。

突如其來的幽默，讓兩個不肯退一步的司機成爲了好朋友，我們不得不佩服讓路司機的幽默和大度。生活中像這樣的小摩擦在所難免，這個時候如果激化矛盾，那麼必定兩敗俱傷，更不可能交到朋友。但是，若能利用幽默的話語，將矛盾的熱度降到零點，敵意也能轉變成友誼。

幽默可以讓已經產生了的矛盾變得緩和，從而避免一些更加尷尬的場面發生。美國作家特魯曾經說過：「當我們需要讓對方肯定我們的時候，幽默的說服效果，要比任何的方式都有效。」同時他還講道：「幽默可以幫助你解決人際關係中的問題，如果你希望找到一個值得信任的，同時又可以幫助你的人的時候，就不要忽視幽默神秘的力量。」

如果想讓自己更加受到別人的歡迎，就請學會幽默吧，要懂得用幽默的方式，面對嚴肅的場面。

某大學的植物系有一位植物學老教授，雖然他所開設的學科是一門冷門課程，但是他的課永遠都是爆滿的，甚至有人願意站在走廊裡去聽他的課。一方面是因爲這位老教授豐富的學識，另一方面也是因爲他的幽默的性格風靡全校，所以學生們都喜歡聽他的課。

有一次，一位老教授帶著自己的學生，到深山裡做校外的實習，在路上看到了很多不知名的植物，學生們都很好奇，都在詢問教授這些植物是什麼。其中一位女同學停下腳步，對著教授讚歎道：「老師，您的學問眞是淵博，這些植物您居然都知道得清清楚楚。」

「這就是我走到你們前面的原因，如果看到我不認識的植物，我就用腳踩死他，免得在你們的面前露怯。」教授扮著鬼臉說。

教授的一席話，引來了同學們的開懷大笑，這一次的校外實習也是相當愉快。

有些人在和他人合作的過程中，聽不得半點的逆耳之言，只要別人對他稍加不恭敬，他就會發脾氣，其實，他的這種做法顯得相當不理智，他這樣做不但不會得到別人的尊重，還會讓別人覺得不易相處。所以在與人相處的過程中，需要保持一個愉快的心情，保持一種謙虛、幽默的心情，這樣堅持下去，合作就會更加愉快了。

喬哈爾和他的幾個朋友去樹林裡砍樹，但是喬哈爾的體力，遠不比幾個朋友強壯，在晚上休息的時候，他們在討論他們的砍樹成績，其中一個說道：「李斯砍伐了六十棵樹，我砍伐了四十七棵樹，而喬哈爾這個傻瓜居然只砍伐了十二棵樹。」

雖然朋友們之間只是一個笑話，但是對於喬哈爾來說，這也是一種很難接受的語言，就在他即將發怒的時候，他才想到自己所砍伐的樹的確很少，就像是老鼠咬掉的樹木一樣，於是他也笑著說：「我可不是砍伐的，我是用牙齒咬斷了十二棵樹。」

在這個故事中，喬哈爾就是一個善於控制自己情緒的人，他用幽默的方式，避免了和同伴之間的衝突，從而也體現了自己胸襟豁達的品質。

幽默不僅能夠解決衝突，而且還能夠和對方達到心靈的溝通。人們藉助幽默的力量，可以讓自己不再封閉，開始主動和別人交往，這樣，他們的關係也會更進一步和諧。

在一些嚴肅的交談中，人們在談話的過程中，其實都是帶著一副假面具，人們只是希望讓別人瞭解自己的外表，不希望讓別人窺探自己的內心，這樣的交流是很難進行下去的，他們沒有辦法合理地溝通，這個時候如果有人運用幽默的語言，那麼他們就會找到共同的話題，心靈的溝通也就達成了。

美國前總統雷根，有一次回到自己的母校，他在學生的畢業典禮上致辭，他嘲笑自己在學校的成績，他說道：「我這次回到母校主要的目的，是爲了清理我在學校體育館裡的櫃子……能夠獲得和大家一起開畢業典禮的殊榮，我感到非常激動，因爲我以前總是認爲，只有考試的第一名才是最大的光榮。」

在人際交往中，一副冷面孔讓人們敬而遠之，帶著微笑的面容，總是可以讓對方親近，放下自己臉上的冷漠面孔，這樣會變得更加受人歡迎，擁有陽光般的笑容，才會讓別人認爲和你交往是一件愉悅的事情。

5 幽默的方法讓朋友越來越多

人們都知道朋友多了好辦事的道理，如果能夠交到一個心胸開闊、資訊靈通的朋友，就可以在我們的工作中給予很大的幫助。但是要找到這樣的朋友，並不是一件簡單的事情，而藉助幽默的方式進行交朋友，相信是一個不錯的選擇，陌生人之間見面，如果能夠適當幽默一下，氣氛就會活躍很多。

日本有一位擅長說話藝術的高手福田建，他曾經講過一句話：「你的笑容可以換來別人的笑容。」也就是說，如果你是以一種微笑的、幽默的方式去對待別人，別人也就會用幽默的方式來對待你，同時他還指出：「笑容其實是一種可愛的傳染病，它的傳染能力非常強大，而且傳染的過程中，會讓人感覺到渾身舒服、快樂無比。」與人交往，的確需要用幽默的方式，只有這樣，我們的朋友才會越來越多。

很多人都希望可以交到很多朋友，但是總是沒有交朋友的好辦法，其實我們可以運用一些幽默的方式，藉助自己語言和表情上的幽默行爲，告訴別人你是一個眞誠、善良的人，那麼你們之間的友誼關係就能夠很快建立，總有一天，你會變成一個相識滿天下，知己過百人的人了。

如果已經是朋友了，那麼透過幽默的方式，可以讓朋友之間的關係更加穩固，並且可以更上一層樓，這就是幽默的力量。

法國作家小仲馬有一個編劇的朋友，有一次，這位朋友的一個劇本要上演了，當天，朋友邀請小仲馬一起去觀看，小仲馬得到朋友的照顧坐在最前排，但是他總是回過頭去數數：「一個、兩個、三個、四個……」

朋友感覺很奇怪，於是就問他：「你在數什麼啊？」

小仲馬很風趣地說：「我在幫你數一下，有多少人在打瞌睡。」

後來，小仲馬著名的作品《茶花女》公演了，這位朋友也受到了小仲馬的邀請，這次，朋友為了報復小仲馬，於是也在劇場裡找打瞌睡的人，終於是找到了一個，於是他說：「今晚居然也有打瞌睡的人啊？」

小仲馬看了一眼那個人，然後說：「難道你不認識他嗎？他就是你那場戲睡著的人，到現在還沒有醒過來呢。」

小仲馬和這位朋友之間的幽默，就是建立在一個眞誠的友誼關係上的，並沒有人們認爲的客套，這樣的幽默，反而可以增進雙方之間的感情，友誼會變得更加穩固，但是任何形式的幽默都有一個前提，那就是眞誠，只有這樣才能夠贏得別人的認同，才能夠起到重要的作用。

掌握一些幽默的交友方法，如果這樣，以後你就不再苦於自己沒有知心的朋友了，陌生人同樣可以成爲你的好朋友，新朋友可以成爲老朋友，而老朋友之間的關係會更加穩固。

6 能夠拉近彼此距離的幽默寒暄

寒暄是日常交流中很重要的、同時也是很常見的一種行爲，我們見到熟悉的人，總是要跟他們打個招呼，但是我們又無法停下自己的事情和他們大聊特聊，可是不打招呼又顯得沒有禮貌和不近人情，甚至會讓對方產生不舒服的感覺，所以，我們需要和對方進行簡單的寒暄。

有時候對一般的寒暄感覺非常乏味，爲了能夠增添生活中的樂趣，維護良好的人際關係，我們就可以嘗試著用特殊的方法來打破常規，我們來看一個比較典型的寒暄事例。

某地接連下了好幾天的雨，公司的幾位同事在一起聊天，一個說：「怎麼老是沒完沒了的下雨呀？」

一個比較老實的同事說：「是啊，都下了有八天了。」

另一個喜歡開玩笑的同事說：「是啊，龍王爺也想多撈點錢，沒日沒夜的加班。」

另一個關心時政的同事則說：「估計是房產所忘記了修房子，所以天天下雨。」

一個喜歡文學的同事說：「大家聲音小點，千萬不要打擾到玉皇大帝，他正讀長篇的悲劇呢。」

相同的回答，加入了不同的幽默成分，讓一個簡單的對話變得非常幽默風趣，一下子同事之間的感情也被拉近了。

一些有幽默感的老年人，也喜歡年輕人和他們開一些善意的玩笑，所以，當你出門的時候，遇到年老一點的鄰居的時候，就可以幽默地和對方寒暄，這樣可以拉近雙方之間的距離。

最近一段時間都很熱，小錢趕早趁著天氣還比較涼爽的時候去公司上班，剛出門的時候，正好碰到鄰居張大媽正在樹蔭下鍛煉身體，她走過去很神秘地對張大媽說：「這麼早鍛煉，小心著涼啊。」一句話逗得張大媽哈哈大笑，然後說：「你這個小鬼ㄚ頭，趕緊去上班，要不然都要遲到了，都九點鐘了。」小錢看了一眼，發現才是八點。看到張大媽笑自己上當了。之後張大媽和小錢見面都會主動打招呼，逢人就說小錢是個不錯的年輕人。

很多時候，我們周邊剛剛發生過的大事件，都可以成爲我們寒暄的話題，因爲這些事情大家都在關注，人們可以從共同語言中找到寒暄的理由，避免話不投機的尷尬。

我們再來看一個這樣的故事。

那年，聖嬰現象的影響下，氣候非常反常，到了夏天的時候，有些地方的人還需要穿很厚的衣服，很多熟人見面之後就問：「氣候太反常了，都到這個月份了，還這麼冷。」大家都在回應著他的話，可是有一個幽默的司機沒有和大家一樣說，他見到同事的時候說：「哇，張師傅，現在都快立秋了，毛衣又要穿上了。」見到鄰居張大爺的時候，他會說：「張大爺，您老是不是沒有經歷過這麼長的一個冬天，到這個時候還這麼冷。」恰好張大爺本人也是一個很幽默的人，他笑著說：「大概老天爺也心情不好，所以老是板著一副冷面孔。」

現在的生活水準在不斷提高，所以在寒暄的過程中，總會去誇獎別人富有，那種逗樂似的寒暄，可以得到良好的幽默效果。

張大娘在午飯後遇到了同村的大強，大強說：「張大娘，您吃過午飯了吧？」張大娘見對方稱自己大娘，也很開心別人尊重他，她說：「還沒有呢，你看你，中午都吃了什麼啊，嘴邊都是油，也不知道請大娘一起去吃。」

張大娘用幽默的方式，誇讚大強家的生活水準得到了提高，她的這種假責怪，聽起來卻是非常親熱和讓人愉快，自然也就拉近了和大強的關係，成功地塑造了一個平易近人、和藹可親的長輩的形象。

千萬不要小看寒暄中的幽默，它能夠在不知不覺間，拉近人們之間的關係，而且能夠在歡聲笑語中，讓寒暄變得更加有意義。

7 從幽默中得到別人的諒解

每個人都是社會中的一員，因此，在工作、生活的過程中，必然會和別人發生一定的摩擦和碰撞，也很有可能出現一些尷尬的場面。這個時候就需要透過幽默的方式來解決問題，或者緩和氣氛。

比如說，有人借去了你的東西，你想要回，這實在是一件麻煩的事情，如果太直接的話，很容易傷害到對方的感情，但是小王就是利用打油詩的方法，要回了同事借去的雨傘。

小王有一個關係不錯的朋友叫丁偉，小王有一次把自己唯一的傘借給了丁偉，但是很長時間了，丁偉都不提傘的事情，於是聰明的小王做了一首打油詩，從而要回了自己的雨傘。他是這樣寫的：「我在濕淋淋的日子裡借給你傘，含有無比的熱誠。請在未破損之前，賜還予我吧。」當然丁偉也是一個很幽默的人，他說：「由於我現在無話可說，那只好閉嘴，然後還給你了。」他立即將雨傘還給了小王。

有時候故意將自己的弱點誇大，這樣反而能夠消除自己的自卑，並且可以透過幽默的方式，得到別人的理解和同情。

在英國，有一個很是肥胖的作家，面對朋友對他體重的擔憂，他說：「我比任何的男士都多好幾倍的仁慈，因為我在公車上如果讓位的話，將會有三位以上的女士受惠。」

藉助幽默的方式和別人坦誠相待，就能夠得到對方的認可和尊重。因為我們如果坦誠地和人相處，會獲得一定的安全感，透過這種幽默的力量，我們就可以說服自己認可這種安全感，消除我們的疑慮，然後很好地和別人相處。

我們來看一個伊利諾州參議員德克森的故事。

德克森首次問鼎國會的時候，他聽到對手在會上對家世大作文章，這位對手的祖父是一位值得人們尊重的將軍，叔父則是國會中的一位高官。

這個時候輪到德克森發言了，他上來就說：「各位女士、先生們，我的家世是從已婚者中一脈相承留傳下來的。」

詩人麥琨有一次自己開玩笑，講到自己是從婚姻之外的關係出生的事實，他是這樣說的：「我生來就是一個私生子，而很多人花了一輩子時間去做私生子。」

可能你會認為自己生錯了時代，也可能認為自己生錯了家庭，或者你可能因為家庭的經濟窘困而鬱悶，但是我們可以透過幽默的方式來緩和心境。

「我生來不貧窮，也從來沒有挨過餓，只是將吃飯的時間稍稍延後了一些而已。」

「我從小生在一個貧窮的家庭，在我很小的時候，別人都可以去做飛機的模型，而我只能去做漢堡和麵包的模型。」

幽默可以幫助我們在心情上坦誠開放，我們可以從中獲得愉悅的感覺，每個人都有自己的難言之隱，但是這些人如果想要成功，那就用幽默的方式來解決吧。

Chapter

第三章

幽默@管理，何以消愁，唯有幽默，笑著做管理

幽默作爲一種激勵藝術，在工作中有著舉足輕重的作用，尤其是那些領導級別的人，他們可以藉助這個方式，爲他們聚集一批員工，這種領導可要比那些端著架子的人，更得到大家的喜歡。所以作爲一個領導，需要掌握一些幽默管理的方法，這樣會讓自己的威望更高。

1 讓自己的官樣子多些幽默

作爲一個領導，很希望自己有一定的官樣子，藉此來威懾員工。也正是因爲這個緣故，很多領導都喜歡用粗暴的方式來對待員工，可他們這種行爲，最終是讓員工產生了逆反心理，不僅沒有達到目的，而且還讓領導和下屬站在了對立面上。聰明的領導就不會採用這樣的方式，他們更懂得應用幽默的方式來解決問題，用幽默的方式，給工作增添一些笑料。

亞伯拉罕·林肯，在美國歷史上是一個神一樣的人物，他出身很低賤，從小自學成才，但是最終卻成爲了美國最受歡迎的總統；他從小便擁有政治抱負，在充滿坎坷的路上努力，終於實現了抱負；他長相醜陋，而且不修邊幅，但最終卻赢得了所有美國人的歡心，他到底是怎麼做到的呢？這就是幽默的效果。

林肯在悲慘的命運面前，學會了用幽默的方式排解不幸，他最初也是一個不苟言笑的人，但是最終生活讓他改變了性格，他慢慢喜歡開始對別人講笑話了，因爲他發現笑話可以爲自己、爲別人帶來積極的生活態度。

林肯的一生，挫折是主旋律，抑鬱則是他最大的敵人，但是他學會了用幽默的方式來解決，他不僅改變了自己，改變了美國的歷史，還影響了美國總統的領導風格，他的幽默也是在美國歷史造就了一種文化、一種時尚。

幽默不僅在林肯的身上有作用，在其他的領導身上同樣是會起到作用，當幽默能夠維護他們的「官架子」的同時，還能夠增加他們的領導魅力。

在長期的幽默中，領導的戰鬥力也會增加，那些不懂得幽默的領導，往往在遇到重大的衝突或者矛盾的時候，就會喪失冷靜，然後大發雷霆，甚至和別人大打出手，最終只能是讓事情以悲劇收場；但是一個聰明的、懂得幽默的領導就不會這樣做，他們可以冷靜的處理任何事情，在談笑風生中解決一些事情。

幽默還可以造就一個人的親和力，一些領導受到書本的影響，認為領導就應該板著一副面孔、不苟言笑，做事思考問題要深沉，和下屬之間保持一定的距離。其實他們錯了，往往是那些說話輕鬆幽默、做事自然灑脫的領導者，更能夠引起下屬的愛戴。

那麼，又怎麼做到既能擁有官的樣子，而又能夠不失幽默呢？

首先，把你的知識面拓寬。

當你是一個博覽群書、積累了很多知識的領導的話，和各種人之間打交道，都可以做到胸有成竹，那自然就可以從容應對了。

其次，不斷提高自己的觀察能力和想像力。

領導要能夠善於應用聯想，讓自己的想像力豐富，作爲一個企業的領導，要特別注意鍛煉自己的反應能力和觀察能力。

第三，要不斷增強自己的社交能力。

參加的社會交往多了，接觸的人多了，自然就能夠在這些過程中，鍛煉自己的幽默能力了。

最後，打造高尚的情趣和樂觀向上的信念。

一個心胸狹窄的人，是不會有幽默感的，一個思想消極的人的幽默，也是不會引起別人共鳴的，所以要讓自己變得積極一點。

2 在工作中提高幽默詼諧的能力

領導在工作的過程中，需要經常處理一些意外的事情，如果領導缺乏幽默應變的能力，就有可能因處理不當，而給自己甚至集體的利益受到損害。

某家公司的總裁在視察工廠的時候，發現有個人居然在上班時間，悠閒地坐著喝茶，於是他很生氣說：「你一天能賺到多少錢？」

那個人回答說：「大概是每天六十美元吧。」

總裁扔給他一百美元，然後吼道：「滾出去，你現在被開除了，不要讓我再看到你。」

過了幾分鐘，工頭過來問道：「剛才那個送信的人，到什麼地方去了？」

總裁這才知道，剛才被他罵的那位，根本就不是他的員工。

這個故事雖然很有喜劇效果，但是由此可見這位總裁處理事情的草率。

有一次，一位市長到自己管轄的地區去檢查工作，其中一個姓管的副市長向他作彙報，主要是申請一筆款子。這位市長很幽默地說：「我看到你就怕，我是市長，而你是管市長，專門管我的，那我還不把錢批給你們。」管市長也很正經地說：「我這樣做也是爲了大地的豐收、母親的微笑。」

兩位市長明顯都是處理能力很強而且又充滿幽默感的人，在談笑間就解決了一件大事。

人們都知道幽默和應變能力是一個人聰明才智的體現，幽默可以帶給我們喜悅，可以幫助我們擺脫困境，可以增進人與人之間的瞭解，能夠改善人們之間的關係。

一個年輕的演講者，負責在一個企業管理學的講座上擔任主講嘉賓，面對眾多資歷深厚的管理者，這位演講者是這樣開場的：「在座的各位都是有十足經驗的管理者，年齡也都在我之上，相信你們在企業管理上，有自己的一套成型經驗，我本人根本沒有什麼很好的管理理論講給大家，我只是要將世界上較爲先進的和最優秀的理論家們的思想傳遞給大家，所以現在大家就不要認爲我是我了，就當我是世界級的企業管理大師給大家在佈道。」

大家聽了他的開場白之後，也都會心一笑，開始認眞聽講座了。

在這段開場白中，這位年輕的管理者告訴了大家，在實戰經驗上自己的不足，然後又很含蓄地說明了在企業管理上，自己還是有一定的理論基礎和造詣的。就這樣這位年輕的講演者得到了大家的認可，他的隨機應變、幽默介紹，也贏得了大家的喜歡。

尤其是管理層，一定要懂得應用幽默的力量，至於幽默是什麼，它的含義到底是什麼，很少有人能夠說清楚，即便很多偉大的思想家，都曾嘗試尋找它的答案，但是最終沒有一個讓人們滿意的答案出現。

在一些學者眼中，幽默是一種有趣、含蓄同時又意味深長的事物，它憑藉正派的作風和高尚的品德，作爲自己的語言支援。也有的學者認爲，幽默是事物的一種性質，它能夠帶給別人快樂。

不管怎樣，兩派學者的觀點，都顯示出幽默擁有著巨大的能力，我們來具體看一下，幽默在工作的時候產生的作用。

首先，幽默可以在尷尬的時候幫我們擺脫困境。

幽默可以幫助我們擺脫困境，它可以幫助我們解決工作中和人際關係中的難題。

英國曾經有位女議員阿斯特向邱吉爾挑釁，說：「如果我是你的妻子的話，我會在你的咖啡裡下毒。」

邱吉爾於是說：「如果我是你的丈夫的話，我會喝下去的。」

簡單的一句幽默話，既反駁了對方，同時也讓自己擺脫了困境。

其次，幽默還有緩衝的作用。

在我們的工作中，不是所有的時候都支持對方的觀點的，如果遇到要反駁對方的情形的時候，處理不當，很容易成爲一件失禮的事情，用幽默的方式否定對方的觀點，可以起到很好的彌補作用。

有一天，一個人邀請自己的同事去打高爾夫球，但是這位同事比較害怕太太，於是對邀請者說：「很抱歉，我的太太不喜歡我去打高爾夫球。」

邀請者說：「看起來你很害怕她。看起來你是一隻老鼠，不是一個男子漢。」

這下子氣氛有些緊張了，可是這位同事卻說：「我是男子漢，不過我的太太害怕老鼠。」他用一句戲謔的話回敬了同事，讓整個場面活躍了不少。

最後，幽默可以改變一個人悲觀的態度。

當我們在工作中遇到苦惱和失意的時候，如果能夠用幽默的方式去看待人生，就會發現事實並不是糟糕到無法接受，這樣自己也會改變觀點，從而用陽光的心態去面對每一天。

能夠應用幽默的方法來處理工作，是一個職場中人或者一個領導應該具備的品質，在工作中遇到問題的時候，能夠用幽默的方式和語言來解決，這樣可以緩和氣氛，同時也可以讓自己的心態更加積極。

3 幽默的管理方式取得非凡效果

從管理學的角度來看，幽默應該是一個領導的掌中寶，在當今社會中，競爭不斷加劇，經濟也變得不夠穩定，企業的員工往往面對著巨大的壓力，對於一個優秀的領導者來說，要懂得用自己的幽默保持員工的士氣，不斷激勵員工，這一點非常重要。

幽默的管理方法，可以化解員工之間的矛盾，可以緩和工作的壓力，尤其是在面對經濟衰退中的裁員問題的時候，幽默可以化解很多的矛盾。

美國歐文斯纖維公司，在二〇〇〇年的時候，解雇了幾乎一半的員工，考慮到解雇之後帶來的一系列問題，公司的高層專門請來了幽默顧問，利用兩個月的時間，爲剩下的員工進行幽默計畫，公司內也開展了很多幽默活動。結果，居然沒有發生任何聚眾鬧事、蓄意破壞的事件。

藉助幽默的方式來管理企業，管理者往往能夠取得更好的效果。美國對一千多名管理者進行了調查，顯示有將近80%的管理者會在員工會議上，透過幽默和笑話的方式來打破僵局、有54%的管理者認爲幽默對公司的業務發展，有著很大的作用、有60%的管理者認爲公司內應該請一名幽默顧問，來幫助公司員工放鬆。

美國加州太陽微軟體系統公司的工作人員，每年都要策劃一場特殊的「愚人節」鬧劇，有一次，公司的總裁斯格特．卡尼拉到辦公室的時候，發現那裡已經變成了一個小型的高爾夫球場，到處都是砂子做成的小陷阱，當然這起鬧劇的肇事者並沒有得到懲罰，他們的行爲反而得到了嘉獎，他們的管理者認爲，幽默和鬧劇可以放鬆員工的壓力，還可以促進員工之間的合作。

管理中的幽默可以緩解壓力，尤其是在壓力很大的時候，能夠用一句幽默轉變大家的心情，鼓舞團隊的士氣，這一點很重要。如果上司只知道用立軍令狀的方式來分派工作，就會給員工很大的壓力，員工不見得能夠很好地完成任務。

林肯對手下的兩員大將格蘭特和希爾曼說：「你們知道我喜歡你們的原因嗎？」兩人對總統的話感到很不解，於是林肯繼續說：「因爲你們兩個人從來都不給我找麻煩。」他的這些話肯定了兩個人工作不講條件的優點，同時也用這種幽默的語句鼓勵了他們，希望他們再接再厲。

員工更願意和那些幽默的上司一起共事，因爲上司的幽默，可以幫助他們擺脫困境，幫助他們排解壓力，而且能夠保住他們的面子，自然他們也會因此而更加努力工作。

幽默的領導藉助自己幽默的語言，就可以讓下屬開開心心的爲他拼命工作。一個幽默的領導，懂得如何和下屬打成一片，這樣他們就會有「大家是一家人」的感覺，只要公司有需要的時候，他們就會義無反顧地投入到工作中去。

比如，一個女員工下班後要和男朋友去約會，但是這個時候領導需要她加班，如果領導說：「要知道，如果你不加班，就很有可能被炒魷魚，這樣男朋友就不會把你當回事了。」就取得了一定的好效果，如果這位領導這樣說：「你們年輕人的大腦就像奔騰IV一樣，肯定一會就完成了。」那麼效果就會更好了。

幽默的領導比古板的領導，更容易和下屬打成一片，這樣的話，他們手下的員工就會和自己齊心合力地工作，透過人性化的管理和幽默感，更能夠俘獲員工的心。

幽默感是一種平等的表現，幽默能夠使人更富有創意和同情心，擁有幽默感的人，可以更好地解決煩惱中的快樂和衝突中的問題，幽默也能夠讓一個領導，用新的視角去看待事物，用一種積極的心態，去解決問題和戰勝困難，領導的幽默是一種語言優勢，用這種方式去管理下屬，就可以輕鬆調節矛盾，收到奇效。

很多管理者都會將大部分的時間，花在處理日常事務上，他們力求讓客戶滿意……他們的工作經常讓他們眉頭不展。想要改變這種狀況，就需要透過幽默的方式了。研究幽默的諮詢專家發現，在實施幽默的管理方式的公司，經濟效益相比之前有了飛速的增長。

現在，越來越多的公司管理者，意識到了笑聲的神奇作用，他們在公司中也越來越重視幽默的應用。在當今的企業中，經常能看到企業員工都富有活力，就是因爲他們的管理者應用幽默的方式來管理企業。這些企業中的員工也是團結一心，做任何事情都能夠擰成一股繩，工作效率反而提高了很多。

4 用幽默留住你的員工

一個懂得幽默的領導，可以給公司帶來良好的工作氛圍，而且能夠讓公司員工擁有強大的凝聚力。

趙明陽以前有一個老領導，他對下屬實施的完全是家長式的管理，所有的職工好像都是他的孩子，如果做錯了一件事情，他就會當著眾人的面，極爲嚴厲地批評這位員工，就像父親一樣；但是當碰到一些事情，需要上司幫忙的話，他也會不遺餘力地幫助這位員工，就像給自己的孩子解決問題一樣。在他做領導的時候，公司的事情都做得很好，而且他也爲趙明陽等同事爭得了很多福利，下屬們也都很尊敬他，但是這種尊敬裡包含著畏懼，趙明陽他們每天都是戰戰兢兢地上班，生怕自己有什麼錯誤。

後來趙明陽跳槽了，領導是一個中年人，這位領導最喜歡的就是開會，以前公司開會的時候，趙明陽都會睡著，但是這位領導的會議，他從來都不睡覺，因爲他每次開會，都會逗得大家哈哈大笑，同時又把工作的思路和要求傳遞給了大家，就算是面對下屬的錯誤，他也能夠用很愉快的方式去解決，趙明陽越來越喜歡這位領導了，後來一直待在這家公司，再也沒有跳槽。

管理者管理的目的，就是讓自己的下屬能夠更加準確、高效地工作，一個輕鬆的工作環境和氣氛，可以更好地達到這樣的效果。如果領導是一個比較嚴肅、說話也是一種批評或者命令的口吻的話，任何人都不願意服從於他的管轄了，最後的跳槽也是在所難免。

透過上面的故事我們可以看到，想要留住一個員工，領導就要學會幽默，工作快樂的員工自然是不會跳槽的。

心理學家愛麗斯．伊森，在接受《魅力》雜誌採訪時說：「心情愉快的時候，人的創造力也是超強的，因此務必給你的員工一個輕鬆、歡快的工作氣氛。」

山姆是沃爾瑪的董事長，他就是一個特別善於從工作中找到快樂的老闆，著名的「沃爾瑪式歡呼」，就是他的聰明才智的表現。山姆在一九七七年去日本和韓國參觀旅遊的時候，對韓國一家不大的企業很感興趣，因爲這家企業的員工們每天都要歡呼，回到沃爾瑪後，他就開始嘗試這個行爲，結果取得了一定的成功，這就是著名的「沃爾瑪式歡呼」了。

每天早上七點半的時候，山姆就會帶著幾百位高級管理者和店長們一起喊口號，後來還帶領大家一起做健美操。在一些新店開幕式、股東大會等活動中，他同樣會帶著同事們一起喊口號。他的這種方法，立刻在全世界的沃爾瑪開始流行，並且取得了很大的成功，同事們之間的關係越來越融洽，他們的工作積極性也越來越高，這其實也是一種工作中的幽默，根據一項調查表明，沃爾瑪的跳槽率低於企業的平均水準。

只有輕鬆愉快的工作環境，才能夠緩和工作中的壓力，同時也可以增加員工的工作興趣，提高工作的效率，這些都是沃爾瑪的哲學，都是我們應該學習和借鑑的經營哲學，即便面對那些比較嚴肅的會議，沃爾瑪都會採取輕鬆的方式來度過。

沃爾瑪公司在星期六的早上同樣要開例會，但內容不會是嚴肅的問題，有時候還會邀請一些公司外的人員做嘉賓，當然，他們的客人都是大名鼎鼎的人物，不管是商界鉅子、體育明星還是演員歌手，都會成為他們的邀請對象，在這一天早上，正經的事情反而會被放在一邊，大家一起吵吵鬧鬧、唱歌說話，反而取得了很好的效果。

田納西州大學心理學教授詞沃德．約利歐，對於幽默能夠提高生產效率的觀點非常贊同，他透過研究得出結論，幽默能夠減輕一定的疲勞，而且能夠振奮精神，讓那些從事重複性勞動的人，保持輕鬆的氣氛和愉快的心情，以保證他們更好的完成任務。所以他強調一個優秀的上司，要懂得如何利用幽默的方式，來拴住員工的心。

由此可見，幽默是一個管理者的優秀品質，懂得恰如其分的鼓勵和幽默，就可以和員工們在歡快的氣氛中接觸，有了這樣的領導，下屬們自然是不願意跳槽了。

5 幽默的批評贏得民心

有心理學家做過這樣一項研究：當員工犯了錯誤，比起嚴厲的批評、苛責的懲罰，那些帶有幽默色彩的語言，更能夠在下屬的心中起到作用，他們也更容易改正。如果一個領導總是用批評的語氣，去處理員工的錯誤和缺點，那麼終究有一天，他會變成「孤家寡人」。

批評的語言不會得到別人的歡迎，一個領導又不得不去批評下屬，所以就需要藉助幽默的方式，用這種語氣指出下屬所犯的錯誤，這樣不僅有激勵的作用，還不會讓下屬心生怨恨。

我們來看一位經理，是如何批評自己的員工不注重儀表的。

有這樣一個年輕人，總是邋裡邋遢的，有一天上班的時候，也很邋裡邋遢地來到了辦公室，經理對他說：「我對你的婚姻狀況不夠瞭解，但是可以給你一個建議，如果你還是單身漢，就趕緊去結婚；如果結婚了，那就請離婚吧。」

這位經理對於曠工的員工是這樣批評的：

經理對他的女秘書說：「你能相信一個人去逝之後又可以復活嗎？」

「這個當然不能相信了。」

經理又說：「這個就奇怪了，前兩天你還去參加你外祖母的葬禮，今天中午她卻來看望她的孫女了。」

對於想要加薪的員工他是這樣說的：

「我想要跟您說，」年輕人很靦腆的給經理說：「能不能研究一下給我加薪的事情，因為不久之後我就要結婚了……」

「我感到十分抱歉，孩子，」經理說，「我們公司是不能承擔業餘時間所發生的不幸事件的。」

這位經理就是用這些幽默的方式，去處理和下屬之間的事情的，慢慢的他贏得了所有同事的尊敬和愛戴。

犯了錯誤的下屬，第一反應就是領導猙獰的面孔，雖然板著面孔的領導可以讓下屬害怕，也能夠起到對下屬的震懾作用，但是這不能從根本上杜絕員工犯錯誤。既然這樣，我們就有必要提倡快樂的領導策略，用善意的玩笑提醒和指點你的下屬，這樣對下屬的幫助力度更大。

某公司的幾個年輕人，經常聚在一起搓麻將到天亮，有一天半夜，當他們玩得正開心的時候，領導突然推開宿舍的門進來了，他們都以為領導這次要大發雷霆了，但是誰知道領導笑呵呵地說：「你們也不看看都幾點了，還在這裡修築長城，既然這樣熱愛長城的話，那麼，我們公司下半年組織去長城旅遊吧？」

幾句話乍一聽起來，還以為領導是在關心他們，實際上是對他們的批評，相信在以後的日子中，他們都不會通宵打麻將，公司的宿舍裡再也沒有搓麻將的聲音了。

蘇霍姆林斯基說過：「生硬的話語、粗暴的行爲、強制的辦法，這一切都會蹂躪人的心靈，使人對周圍的世界和自己都採取漠然的態度。」所以面對犯了錯誤的下屬的時候，領導應該控制好自己的情緒，不要隨意動怒，用幽默的方式、用善意的玩笑，提醒他們不應該這樣做，他們自然會在內心深處感激上司，從而開始改正自己的毛病。

6 幽默可以激勵你的下屬

幽默是一種帶有激勵性質的藝術，在我們的日常交往中，有很重要的作用，那些懂得幽默藝術的領導和上司的身邊，總會聚集一批願意爲公司效忠的員工。

美國的前總統約翰．喀爾文．柯立芝身邊，有一位年輕漂亮的女秘書，她人長得非常漂亮，但就是做事情有些馬虎，所以在工作中經常會有失誤，對於秘書的這種行爲，約翰．喀爾文．柯立芝總會藉助適當的時機提醒對方。

有一天早上，這位女秘書打扮得非常漂亮來到了辦公室，柯立芝稱讚道：「你今天的打扮眞的很有魅力，而且看起來越來越漂亮了。」

女秘書沒有想到總統會誇獎她，於是趕緊說：「謝謝總統。」

「但是你並不能因此而驕傲，」約翰．喀爾文．柯立芝說著，「我相信你處理公文的能力，肯定會和你的人一樣有魅力。」

總統的這種帶著風趣的鼓勵，讓女秘書工作起來更加努力了，她也逐漸開始克服之前的粗心大意的毛病，工作做得很細緻。

本來是一種批評，但是柯立芝卻將此說得很幽默，從而激發了女秘書認眞工作的動力，不僅能夠解決問題，而且讓自己在下屬的眼中更加有魅力了。

在工作場合中，人們都很容易看到這樣的場景：團隊成員都將業績看得非常重要。如果生意上出了問題，大部分公司都會開始裁減員工，更改之前的行銷策略，這樣變動的次數太多了，員工之間就會形成一種猜疑。

面對這種場景，我們該要用怎樣的方式，來消除員工之間的猜疑、消極的情緒呢？不要自暴自棄，這個時候你只需要用幽默的方式，讓每個人都保持一份應該有的精神狀態，從而用自己的行爲和想法來感染身邊的人，尤其是管理者，更應該站出來藉助自己的幽默，改變大家的情緒。

當看到下屬們都心情不佳的時候，就讓他們停下工作，然後帶著野炊的工具，去野外野炊；或者找朋友去聊天；或者大家一起去喝點酒，這樣釋放他們的壓力，他們之後的工作肯定會越幹越好的。

在一場球賽中，皮賽羅指導的球隊，在上半場的時候落後對方兩個球，在中場休息的時候，他在休息室和隊員們一直在開玩笑，直到快要上場的時候，他才叫住隊員說：「姑娘們，是不是要努力了？」

沒有給她們責備，也沒有一堆沒有用的戰術，而是消除了她們心理上的障礙，結果這些姑娘們在下半場的時候創造了奇跡，她們連踢帶頂總共進了四個球，最後反敗爲勝，戰勝了對手。

幽默是一種無與倫比的號召力，幽默的領導只要張開自己的嘴巴，員工就願意爲公司效勞，一個懂得幽默的上司，能夠讓自己的員工在哈哈大笑中保持熱情，最終克服消極情緒，從而激勵整個團隊。

Chapter

第四章

幽默@友情，娛人樂己的開心果

如果你整天板著臉，即便你講的是事實，擺的是道理，但是你所收穫的效果並不一定好，你這樣做，未必能夠讓對方心服口服，其實，這個時候你就可以採用幽默的方式，只有這樣，你才能夠在和對方的辯論或者和對方講理的過程中，讓對方啞口無言、心服口服。

1 幽默的人更能受到朋友的歡迎

在人際交往中，某人的幽默絕對可以為他換來更多的朋友；在和朋友聊天的過程中，不時講一些有趣的笑話，或者用自己富有幽默感的肢體動作，可以引來朋友們的笑聲，這樣就可以讓朋友之間的關係更加堅固。

曾經有一位偉大的思想家說過：「幽默是智慧、教養和道德感的表現。」幽默是一種品質、是一種修養，同時也是一門值得我們學習的藝術，幽默的藝術和誠實、道德、良知、眞理一脈相通；而和虛僞、無情、不義、謬誤截然相反，所以如果想做一個幽默的人，如果想與別人更好地溝通以及得到別人更多的理解，你就需要將幽默的藝術和誠實、道德、良知、眞理結合起來，這樣它就會爲你的人生增添上一抹亮色。

如果想在日常的人際交往中，給別人留下不錯的第一印象，那就需要運用幽默的手段，不管是在別人家做客，還是在自己家招待客人，都需要用幽默的方式，讓氣氛變得更融洽，一旦你走到大家中間的時候，就要將你的幽默展現出來，任何人都不喜歡面帶怒容的人，他們更願意和一個談笑風生的人接觸。

有一天，張曉雲去參加朋友李克莉舉辦的家庭宴會，由於張曉雲是第一次去李克莉家，於是在路上她買了一些禮物，但還是感覺到很緊張。

當張曉雲敲開門的時候，李克莉迎了上來，看著張曉雲的雙手後，說：「你果然是用手肘摁門鈴的，我就知道你不會空著手來的。」

這句話把張曉雲以及其他的客人都逗樂了，大家之後的氣氛就鬆緩了很多，他們過了一個愉快的家庭宴會。

那些招人喜歡的人之所以能夠贏得更多的朋友，能夠讓別人願意和他們接觸，不僅僅是因爲他們本身的才華，更主要的一個原因，是他們能夠用幽默的方式去解決問題，用幽默的方式讓氣氛更加活躍，這樣他們的幽默可以幫助大家留下美好的回憶，自然他的朋友也就會因爲這些原因而越來越多。

2 幽默之中包含著友善的態度

眞正的幽默並不是低級趣味，在人們的相互交往中，透過幽默的方式，讓對方感受到你的得體和目的，運用得當的話，會在友善的幽默中建立雙方交際的寬鬆氛圍。

金庸的小說，不僅風靡於華人界，他的談吐中流露出來的幽默氣質，也是讓人忍俊不禁。金庸特別喜歡車，尤其是跑車，有一次有人問他：「你駕駛跑車的過程中，會不會去超車？」金庸回答說：「當然要超車的，逢電車，必定要超車。」旁邊的人都哈哈大笑起來。

金庸曾經號稱自己從來沒有喝醉過，很多人都以爲金庸的酒量非常好，實際情況是因爲他很少喝酒，或者喝得很少，自然不會喝醉了，他曾經對一個女孩子說：「你的美麗增長率很高。」女孩聽後很開心，思索了一會兒後才知道，金庸其實是在嘲笑她以前長得很醜。

在人際交往的過程中，我們只要和對方能夠輕鬆地開個玩笑，就可以緩和氣氛，讓大家的心情鬆弛下來，從而營造出一個良好的談話氛圍，所以那些能夠幽默的人，往往能夠得到大家的青睞，最終成爲大家的好朋友，得到大家的喜愛。只不過玩笑也有一定的度，如果過頭了，就會得到相反的效果，因此掌握玩笑的尺度也很重要。

那麼，我們該如何做呢？

首先，幽默的前提是你擁有一個友善的態度。

友善的幽默是雙方的感情進行相互傳遞的過程，如果想要藉助幽默來對對方進行冷嘲熱諷，或者發洩自己的內心不滿的話，那麼這種玩笑就已經不是幽默了，即便你伶牙俐齒，能夠在表面上佔得了上風，但是別人不會認爲你是一個有品味的人，他們會認爲你不懂得尊重他人，自然就不願意和你繼續交往下去了。

其次，慎重選擇你的幽默對象。

我們身邊的每個人因爲身份、性格等等不同，所以接受幽默的能力也有著差異性，同樣的一個玩笑，可以對甲說，但就是不能對乙說，也許你說了，乙反而會認爲你是在嘲笑他，最終適得其反。一般情況下，晚輩是不能和小輩開過分的玩笑的，異性之間不能開過分的玩笑，在同輩和同性之間開玩笑，也要注意對方的心情和性格。假如你的朋友性格比較內向，特別喜歡琢磨你的話的其他意思，那麼就和他們少開玩笑；假如你的朋友性格外向，能夠寬容地接受一些笑話，一些幽默玩笑就可以和他們盡情分享。當然另有說明的是，即便對方是一個性格外向的人，如果正好家中有了不愉快或者傷心的事情發生，那也不要和對方開玩笑；相反，如果對方是一個性格內向的人，卻碰巧遇到了好事，那麼和他們開玩笑也無妨。把握好你開玩笑的對象，這樣你可以成爲一個受大家喜歡的人。

最後，選擇一些高雅的幽默方式和玩笑。

友善的幽默和幽默者的思鄉情趣、文化修養不無關係，如果那些內容粗俗或者不雅的玩笑出現，即便當時可以博得大家的笑聲，但是過後會讓人感覺到非常乏味。只有那些眞正意義上幽默的、內容健康的、格調高雅的玩笑，才能夠帶給大家精神上的享受，同時塑造幽默者的美好形象。

精煉的、友善的幽默是最成功的幽默，不要用太多瑣碎的語言，要做到點到即止，以免影響你的幽默的影響程度和效果。因爲眞正的幽默，是詼諧又不失氣度的，是滑稽且不庸俗的，只有這樣的幽默，才能夠讓大家記憶深刻，也只有這樣的幽默才能夠雅俗共賞，調節講話的氛圍。

3 幽默的語言讓對方啞口無言

在我國古代的南朝齊梁時期，有一個人叫范縝，他就是一個特別善於利用幽默的語言和別人進行辯論的人，可以說是這個方面的佼佼者。

有一次，競陵王蕭子良爲了打擊范縝，請來了很多的高僧和名人擺陣，準備挑戰范縝。在這次挑戰中，競陵王蕭子良首先用自己已經準備好了的問題發問：「范先生對因果報應一直是嗤之以鼻，那麼您能解釋一下，世界上爲什麼會有貧富的差距呢？」按照競陵王蕭子良的想法，以及在這麼多的權貴面前，范縝是無法反駁對方的，也無法否定命運的。同時蕭子良也知道，只要打開一個缺口，就可以很好地瓦解范縝的《神滅論》的思想理論體系，但是令人沒有想到的是，范縝對對方的問題進行了正面的回答，他的回答可以說是針鋒相對。他當時是這樣說的：「人就好比我們頭頂上這棵樹所開的花，一陣風出來的時候，有些會飄落在錦毯上，有些呢則有可能掉進泥坑裡，王爺就如同掉在毯子上的花瓣，而我呢就好比是掉進泥潭的花瓣。」

范縝藉助落花來比喻人的差異，充滿了幽默的意味，因爲他所藉助的事物本身，並不包含著褒貶之意，如果他藉助一些有褒貶的事物來說明這個道理，可能會讓當時的氣氛很尷尬，范縝很聰明，用到了花瓣，這樣讓氣氛緩和了很多，同時也堅持了自己的觀點，讓蕭子良他們無可挑剔，其實落花和人都是一樣的，都是因為社會的不公平，才導致了貧富的差距、富貴的懸殊、地位的差異，這些話裡其實還包含著對權貴者的一種蔑視，是一種軟中帶硬的說法。

蕭子良繼續對范縝發起了攻擊，並且指使一個叫王琰的無名說客對范縝說：「你既然不承認祖先的神靈，那麼你這樣的子孫就是大逆不道的。」

面對這樣的挑戰，范縝完全可以據理駁斥對方的，做出直接的反擊，因為王琰並沒有蕭子良那樣顯赫的位置，不會因為一句話而招致對方的報復。但如果直接反駁對方，也顯得自己的涵養不夠，有失氣度。所以范縝採用謬誤反詰，很平淡地問了一句：「既然您認為祖先死後有神靈，那麼你為什麼不自殺之後，去侍奉你的祖先呢？」

范縝的幽默，使得他可以在權貴提出的各種刁難問題之間遊刃有餘，在理論上始終沒有任何的退卻。

藉助幽默風趣的語言來說服別人，讓別人接受自己的想法，不僅是幽默的一種要求，更是智慧的一種表達。

有一天，小甘羅在自己家的後花園中玩耍嬉戲，忽然看見他的爺爺，也就是當朝宰相走了過來，於是他準備喊爺爺，但是卻發現他的爺爺總是唉聲歎氣的，好像有什麼心事一樣，於是懂事的小甘羅就上前問道：「爺爺，您是不是遇到了什麼不順心的事情，或者麻煩的事情？」

爺爺說：「大王不知道是聽了誰的教唆，居然要吃公雞下的蛋，而且命令滿朝文武官員都去找，如果三天內找不到的話，就要處罰大家。孩子呀，這個誰都知道的，哪裡有什麼公雞下的蛋。」

小甘羅生氣的說：「大王也太不講理了。」

爺爺也只能是搖著頭歎息，這個時候小甘羅突然眼睛一眨，想出了一個好主意，於是很自信地對爺爺說：「放心吧您，我現在有辦法了。」爺爺不知道小甘羅的方法，小甘羅只是要求明天爺爺裝病，他代替爺爺上朝。

第二天早上，小甘羅果然代替爺爺去上朝了，他一本正經地來到宮殿上，給秦王施了禮，秦王見是小甘羅，於是很輕視地對他說：「小甘羅，你今天怎麼來了？快讓你的爺爺來上朝。」

小甘羅不慌不忙地說：「回稟大王，我爺爺今天估計是來不了了，他正在家裡面生孩子呢，所以我今天替代他來上朝。」

秦王聽後哈哈大笑起來，然後說：「小孩子眞實荒唐，男人怎麼可能生孩子呢？」

小甘羅趁機說道：「既然大王知道男人不能生孩子，那麼，您怎麼會不知道公雞不能下蛋呢？」

小甘羅的話讓秦王啞口無言，自然是改變了之前自己的命令。

總纜古今中外，凡是成就了一番事業的人，都是具有幽默的細胞，他們都有著崇高的理想、淵博的知識，同時他們還有一副幽默的本領。幽默的功用不僅僅是讓人們捧腹大笑、不僅僅是要膾炙人口，幽默有時候還能夠讓別人啞口無言。

我們再來看一個相關的例子。

赫爾岑是俄國著名的文學家、批評家，在他年輕的時候，有一次去一個家裡比較有錢的朋友家做客，當時宴會上所演奏的流行音樂，讓赫爾岑非常難受，於是他只好捂住耳朵。

他的朋友對他的行爲很不解，於是解釋說：「現在演奏的曲子，可是時下最流行的音樂。」

「流行音樂並不一定高尙啊，這種曲子實在是讓人受不了。」赫爾岑回答說。

朋友對赫爾岑的話很不服氣，於是他說：「不高尙怎麼了？不高尙的難道就不能流行嗎？」

赫爾岑又說：「那麼流行性感冒呢？」

赫爾岑的話讓朋友啞口無言，沒有辦法反駁。赫爾岑藉助身邊的事物來說明一個道理，藉助曲折迂迴的方式表明了自己的態度，並且沒有傷害到對方的尊嚴，沒有損傷朋友之間的友誼，而且有效拉近了雙方之間的關係，這也是一種在特殊情況下使用的好辦法。

幽默不僅可以製造出輕鬆的交往氛圍，而且在談論中，起著不可忽視的作用。它可以透過詼諧的方式，暗示出事物的本質，最終達到目的，相信在你的幽默精湛的辭令面前，別人會找不到任何的反駁之詞。

4 幽默可以用來反擊別人

幽默其實有兩方面的作用：一方面可以在某些場合，讓我們感到心情愉悅、暢快無比；另一方面可以對敵人進行沉痛的攻擊，讓對方的氣焰不再囂張，避免了對方的挑釁。

有一次，英國著名的戲劇作家蕭伯納，有新劇要上演了，他想邀請邱吉爾前去觀看。於是蕭伯納派人送去了兩種貴賓票給邱吉爾，並且在票的後面附帶上了一句話：歡迎您攜帶著您的朋友來觀看，如果您還有朋友的話。邱吉爾看到這張票後，於是也回敬了一句話：謝謝你的入場券，不過，我今天晚上實在有事情抽不開身，我會在明天的時候，邀請朋友一塊出席，當然，如果你的劇能夠演到明天的話。

睿智的邱吉爾反應非常快，他急中生智的回答，除了消除了蕭伯納善意的攻擊之外，還展現了自己的幽默品質。

生活中，未必所有人都是善意地和你開玩笑，有時候他們就是在故意找碴，甚至是挑釁，好讓別人下不了臺。如果在這種情況下你大度地視而不見，會給人留下軟弱的印象，退避三舍的話，又會讓人恥笑；相反，如果你能夠找到幽默的方式，然後對對方的行爲進行還擊，這樣不僅讓其他人能夠感受到幽默的氣氛，同時也可以給自己留下臺階。

齊國的晏子要出使楚國，楚王知道晏子是個能言善辯的人，知道這個消息之後，立刻給他的手下說：「晏嬰是齊國最能言善辯的人了，現在他要出使我國，我想要羞辱他一下，你們快想想有什麼好辦法？」於是，身邊的大臣們都開始給他出謀劃策。

晏子到了楚國後，楚王舉辦酒宴招待他，正當主客酒興正濃的時候，兩個差人綁著一個人上來了，楚王於是故意問道：「你們綁的是什麼人，他犯了什麼錯？」

差人回答道：「他是個齊國人，犯了偷盜的罪。」

楚王笑嘻嘻地說：「晏嬰啊，你們齊國人是不是都喜歡偷盜啊？」

晏子站起來，離開席位說：「大家都知道，桔樹生長在淮河以南，是桔樹；生長在淮河以北，就成了枳樹。桔樹和枳樹雖然長得很像，但它們結出的果實味道卻大不相同。桔子甜，枳子酸，這到底是什麼原因造成的呢？」

晏子停了停又說：「原因就是因爲水土的問題，如今在齊國生活的人安居樂業，在齊國就沒有盜賊，現在到了楚國，卻成了盜賊，莫非是楚國的人民都習慣做盜賊，他學到了做盜賊的方法和風氣？」

楚王聽後苦笑著說：「我眞是自討苦吃，晏嬰這樣德才兼備的人，怎麼可以取笑呢？」

也許有些時候你想要找到一句話，然後阻擋住對方的嘲笑或者指責，好讓他住口，但是又苦於一時間想不到很好的句子，事後你會發現，其實當時只要稍作變通，隨便的一兩句話，都可以保住自己的面子，免受一番精神上的折磨。現在事情已經過去了，你只有懊悔了。亡羊補牢，還不算很晚，你可以不斷問自己，到底是什麼原因，讓你當時沒有想出反駁的句子呢？其實根本原因是，因爲你當時就沒有想過要找到一句反駁的語句，當時你的舌頭發麻，根本就說不出話來，事後的懊惱和悔恨，都是沒有任何意義的。

現實生活中，如果遇到那種無理取鬧的人，碰到那種無賴似的人物，我們往往對他們是大發雷霆，但是到最後你還是會發現，對方講話還是振振有詞、頭頭是道，即便你氣得手腳發麻，仍舊是沒有任何的作用，那麼，我們應該怎麼辦呢？怎樣可以讓這些人感覺到自己理虧，讓他們無言以對呢？

巧用幽默的方式，折斷對方的鋒芒，讓他自食其果，是最好的辦法。不過一定要注意，一定是幽默爲前提，首先，你要學會一些順水推舟的方法，借力打力；接下來，要冷靜下來，然後等待時機一擊致命，用力要迅速和威猛，這樣可以讓對方啞口無言；最後，對對方的攻擊性質進行判斷，如果對方對你是諷刺，那麼就讓他們嘗到諷刺的滋味，如果是帶有侮辱性的語言，一定要讓他們吞回侮辱，總之，你攻擊他們的力道，要和他們使出的力量成正比。

晉朝有一個叫劉道眞的人，他因爲常年遭受戰亂，所以孤苦伶仃、無依無靠，只能是當縴夫爲生。劉道眞有一個不好的習慣，就是嘲笑別人。向來是嘴上不饒人。有一天他正在河邊拉縴，看見一個中年的婦女正在搖櫓划船，於是他就嘲笑道：「你們女人家爲什麼不在家裡織布，而是來到這裡搖船呢？」

中年婦女於是反駁道：「你們大丈夫爲什麼不征戰沙場，而是在這裡當縴夫呢？」

還有一次，劉道眞和幾個人在一起，用一個盤子吃東西，看到一個年長的婦人領著兩個孩子，從他們的草屋前走過，三個人都穿著青色的衣服，於是他就嘲笑道：「青羊引雙羔。」那個婦人聽到了他的話，於是也說：「三豬共一槽。」

劉道眞討了個沒趣，還連累了朋友一起挨罵。

對付別人的譏笑，就應該主動出擊，然後不露出任何的疏忽，讓對方無從還口；或者要掩蓋自己的弱點，然後找到對方露出的破綻，展開有力的還擊，避免失誤。我們在反擊別人的過程中，要注意自己的言行，一定要謹愼，因爲只有這樣做，才能夠起到最大的作用。

5 用幽默的方式去拒絕

有些時候面對朋友的請求，我們很難去拒絕，可我們又必須要說「不」，那麼該怎樣說，才能達到拒絕的目的，又不傷害朋友之間的感情呢？在這種情況下，幽默的作用就顯現出來了，透過幽默的語言去拒絕別人，就顯得非常委婉而且含蓄，同時更容易讓朋友接受。

透過幽默的方式去拒絕別人，有時候可以故作神秘，從而找到突破點，當對方在沒有準備的情況下哈哈大笑，從而避免了對方的失望之情，這樣的拒絕既達到了目的，同時也讓對方在愉快的氣氛中接受了。

義大利音樂家羅西尼，生於一七九二年二月二十九日，因爲每過四年就會有一個閏年，所以他在過第十八個生日的時候，他已經七十二歲了，在他生日的那天，他的一些朋友告訴他，他們準備了兩萬法郎，準備爲他建一塊紀念碑，羅西尼聽完他們的話後說：「沒有必要浪費這筆錢財，你們把錢給我好了，我自己站在那裡。」

羅西尼對朋友們的做法並不同意，但是又不好直接拒絕，於是他想出了一個不切合實際的做法，含蓄地拒絕了朋友們的好意，同時也讓朋友們自己明白其中的原因。看起來，幽默拒絕的確是一門高深的藝術，無論別人聽從你的要求，還是接受你的反對，你都有自己說「不」的權利，只有這樣，才能夠顧及到自己的眞實情況，只有這樣，才能夠做一個足夠眞誠的人。

當年，在廣州的一些青年創辦了「南中國」文學社，他們希望魯迅能夠爲他們的創刊號撰稿，但是魯迅並不想去寫，於是他就說：「文章我看還是你們自己來寫，以後我可以再寫，免得別人說我魯迅來廣州，就找你們青年人爲我捧場。」

青年們就說：「我們都是寫窮學生，如果我們自己寫的話，恐怕銷路不會很好，這樣我們就沒有信心寫第二期了。」

魯迅風趣而又不失威嚴地說：「要刊物好也很容易，你們只要在文章裡面罵我，我相信銷路會很好的，一般情況下，罵我的刊物銷路都很好。」

一九三四年，《人世間》雜誌開闢了「作家訪問記」專欄，並且還會刊出接受採訪的作家的肖像，於是該雜誌的編輯寫信給魯迅，希望能夠去接受他們的訪問，並且希望能夠以書房爲背景，拍一張魯迅、許廣平和周海嬰的生活照。魯迅寫信拒絕了這樣的一個邀請，他說：「作家之名頗美，昔不自重，曾以爲不妨濫竽其例。近來悄悄醒悟，已羞言之。頭腦裡並無思想，寓中亦無書齋，『夫人及公子』更與文壇無涉，雅命三種，皆不敢承。倘先生他日另作『僞作家小傳』時，當羅列圖書，擺起架子，掃地歡迎也。」

風趣幽默的話語，一方面讓朋友們有了臺階，不至於在心裡生出厭惡之情；另一方面也很好的堅持了自己的原則。由此可見，幽默的拒絕別人的方法，的確是一個好方法，我們可以在日常生活中多加留意，積累一些經驗，讓我們自己也變成一個具有幽默拒絕藝術的高手。

當你帶著幽默的態度，去拒絕那些自己無法完成的事情的時候，在幽默的笑聲中，你可以很好的維護自己的原則。

在一個酒吧裡，朋友們之間在互相勸酒。

杜蘭特說：「給你的威士忌裡加點飲料好嗎？」

加利西亞說：「謝謝，不過，我可以喝一些其他的飲料嗎？」

杜蘭特說：「當然可以，不過你不喜歡威士忌嗎？」

加利西亞說：「我到現在也沒有體會出威士忌的味道，可能是我還沒有長大吧。」

杜蘭特說：「那麼，你需要些什麼呢？」

加利西亞說：「我喜歡蘋果這樣的水果榨成的果汁。」

會話在相對輕鬆的氣氛中進行了，自然就能夠釀出歡樂的氣氛，兩個朋友之間雖然沒有喝成酒，但是相信他們這樣的對話，並不會影響到他們的關係。

在現代生活中，一個人要學會說「好」，同時也要學會說「不」。如果你不會說，那麼你就不是一個品格完整的人，你就會變成別人欲望的犧牲品，那些不懂得尊重人的人，會在你的身上盡可能地佔有。面對別人無理由的要求，一定要學會幽默的方式，婉轉的拒絕對方，從而達到自己的目的，拒絕別人的意圖。

在我們的日常交往中，熱情能夠幫助別人，對別人的困難，我們及時伸出援手是應該做的，但是我們也要量力而行，如果遇到自己無法做到的事情，或者有損自己原則的事情，就要懂得拒絕。對於說「不」的方式一定要注意，用幽默婉轉的方式去說，效果會很好，這樣的拒絕也能夠讓對方更容易接受，之後的交往也不會受到影響。

Chapter

第五章

幽默@愛情，抱得美人歸，釣得金龜婿

在愛情的世界裡，幽默可以化解雙方之間的矛盾，解除雙方可能存在的危機，幽默可以讓戀人之間的時間和空間的隔閡消失，只剩下那些值得人快樂的記憶，幽默就是愛情世界裡必不可少的一部分。

日本幽默家秋田實認爲，幽默就是愛情的一劑催化劑。好的愛情往往是可遇不可求的，我們只有透過幽默的方式，抓住我們身邊的每一個機會，透過幽默的方式，表達我們的濃濃愛意。

1 愛情之火由幽默來助燃

現在社會中，有很多女孩的擇偶標準第一條就是——幽默感。那些喜歡說笑話、具有幽默感的年輕人，很容易受到女孩的青睞。

曾經有一個相貌平平的、身高只有一米六五左右的年輕人，最後竟然和他們學校的校花談起了戀愛，而且令人們都沒有想到的是，他們在離開學校之後，就步入了婚姻的殿堂。結婚那天，同學們想讓當年的校花講出小夥子的絕招是什麼，校花只是抿嘴一笑，說：「他是個很不錯的幽默者。」頓時大家明白了其中的玄機，也都悔恨自己沒有抓住機會。

一位數學家和自己的女朋友在公園裡散步，女友問他說：「我臉上有好多雀斑的，你眞的不在意嗎？」數學家很深情的說：「不會在意的，親愛的，我生來就喜歡小數點。」頓時，女孩開心的要死，心中泛起了一陣愛意。

幽默是個具有神奇推動力的東西，它可以像火箭的助推器一樣，推動著愛情的星星遨遊直上。

其實，夫妻之間如果能夠用幽默的方法，來不斷澆灌自己的婚姻生活，婚姻就不會成爲愛情的墳墓，婚姻就變成了愛情的基石和嶄新起點。

有一次，鄰居張大叔的妻子給張大叔說：「你看人家老王，因爲當年的失戀之後發憤圖強，現在是多麼的輝煌。」如果一個不懂幽默的丈夫，肯定會很生氣，然後說出「那你怎麼不跟老王去過啊」、「老王算個什麼東西」這樣氣急敗壞的話來，可是富有幽默感的張大叔說：「當年如果你能夠討厭我，那我現在也會出人頭地了，尊敬的夫人，這個可是你的錯啊。」張大叔的妻子聽了這些，竟然流出了幸福的淚水，這麼多年他們相愛如一日，是鄰居們所羨慕的。

幽默是婚姻生活中的潤滑劑，它能夠消除夫妻之間的隔閡；幽默是婚姻生活的助燃器，它能夠讓愛情的火焰燒得更旺。

有一對中年夫妻，去參觀一個比較新潮的美術展覽，當他們走到一副只有幾片樹葉遮擋住私處的裸體女孩的畫前時，丈夫停下腳步，很長時間都不願意離開，妻子有點忍不住了，於是她狠狠揪住丈夫的耳朵，說：「你是不是要等到秋天到了，樹葉落了，你才會甘心啊？」

在這種尷尬情況下的幽默，就是一劑潤滑劑，可以讓愛情的小舟，更加良好地行駛在幸福的小河裡。

幽默能夠消除生活中的煩惱，化解生活給予我們的痛苦，同時還可以美化我們的生活，讓我們的生活中增添更多的歡聲笑語，讓生活變得五彩斑斕。

青年人舉辦婚禮是一件美事，下面這位小夥子在婚禮上的舉動，讓這場美好的事情錦上添花。

有一個姓張的小夥子，要迎娶一位姓顧的女孩，這個小夥子就藉助兩人的姓氏，做了一番特別有意義的、幽默的戀愛經過介紹。

「我是新郎，我姓張，我的新娘姓顧，我們剛剛認識的時候，我是東『張』西望，而她卻是『顧』影自憐；後來『張』口結舌地去找她，她說已經有了意中人；我『張』皇失措，不知道如何是好，只好勸她改弦更『張』，她說她現在只好『顧』此失彼；我開始大『張』旗鼓地追求她，她當時是左『顧』右盼；等到認識的時間久了，我就有點明目『張』膽了，她也就無所『顧』忌了；最後我邀請她擇吉開『張』，她也是欣然惠『顧』。」

這位張姓的小夥子可以說是句句掛彩，他的調侃自然是逗樂了所有的來賓，在他的婚禮中，幽默就是一個幸福的花朵，是一個歡樂的果實，也像是一瓶剛剛啓封的美酒，讓人感到美妙的滋味。

幽默對於愛情，就像是釀製愛情的花蜜，它可以讓我們更好地享受男女之間的愛情所帶來的美妙，從而培養出更嬌豔的愛情之花來。

2 恰當的幽默讓你的愛情得到昇華

現代生活非常豐富多彩，現在的年輕人也是形形色色，但是如果我們按照幽默的角度來看問題，會發現他們在對待愛情中，還是有許多地方需要改進，這一點值得探討。

現在的年輕人對待愛情的幽默，主要是分為以下的幾種：

第一種，甜言蜜語

我們先來看一個叫做《廚師的情書》的小故事。

有一個年輕的廚師，給自己的女朋友寫情書，他寫道：「親愛的，不管是在煮湯的時候，還是燒菜的時候，我都在想念著你，這簡直就像是味精一樣不可或缺。看見了蘑菇，我就會想起你圓圓的眼睛；看到豬肺，就會想起你紅潤的臉頰；看到鵝掌，就會想起你纖纖手指；看見綠豆芽，想起你的腰肢。你就像我的圍裙一樣，我不能離開你，請答應嫁給我吧，我會像伺候熊掌一樣伺候你。」

他的女朋友收到信後不久，就給他回了信：「我也會想起你那像鵝掌的眉毛、像綠豆芽的眼睛、像蘑菇的鼻子、像味精的嘴巴，還想起過你那像雌鯉魚的身材，我現在還像鮮筍一樣嫩，還沒有到出嫁的時候，不過我想告訴你，我並不想擁有一個像熊掌一樣的丈夫，我和你的關係，就像是蒸魚放薑那樣，我想你已經明白了我的意思。」

在我們的現實生活中，的確會有這樣的青年，他們總是用自己的甜言蜜語，去表達自己的愛意，他們認爲只要話夠甜，就能夠打動女孩，其實未必是這樣的，他們生搬硬套的幽默，終究會弄巧成拙的，因爲他們的語言並不具有眞情實感，他們都是套出來的語言。故事中的年輕人就是想利用甜言蜜語打動女孩，結果是弄巧成拙。

關於這方面的失敗案例很多，我們現在再來看一個。

有個年輕人給女朋友寫信道：「我愛你愛得太深了，我眞的願意爲你去赴湯蹈火，如果星期六的晚上不下雨的話，那我就一定去找你。」

由於過分的甜言蜜語缺乏眞實的感情作爲支撐，他們只是用抄來的一些語言，或者從書本中借來的一些語言一再使用，這樣的用法，往往會產生語言上的矛盾。

第二種，沉默寡言

有的年輕人認爲會叫的貓未必能抓得住老鼠，反正是眞心的愛對方，所以就沒有必要跟對方說出來。《天仙配》中的董永就是傻乎乎的，不願意說話，結果還是讓七仙女中最漂亮的一個看中了，因此和戀人在一起，少說話是沒有關係的，而且言多必失。其實，這種觀點具有一定的偏限性，由於時代在進步，男女青年之間可以開一些健康的玩笑的，所以那些不懂幽默的青年，是很難俘獲女孩的芳心的。

小王是個不錯的青年，他和自己的女朋友從認識到戀愛，已經有很長一段時間了，可是害羞的小王就是不敢對女朋友表白結婚，有一天女朋友忍不住問道：「小王啊，關於我們的關係，你是不是有話要對我講？」

小王紅著臉說不出話來，半晌才說：「是，是的，我，是想告訴你，你願意死後葬在我家的祖墳裡嗎？」

這則笑話雖然聽起來有一定的幽默效果，但是小王實在是太不會說話了，畢竟這樣的語言，還是有一定的忌諱，說不定會讓自己的愛情夭折。

第三種，直言不諱

如果是真心愛一個人，就必須在任何時候都給他講真話，不能有絲毫的隱瞞和做作。這種觀點是對的，但是也是有一定的侷限性，愛情不是完全地聽從對方，這並不能展現你對愛情的真誠，例如，當涉及到對方的不足之處時，我們就不必太過於坦誠了，可以選擇更加委婉的方式說出來。

有一個英俊的年輕人和一個美貌的姑娘兩人互有愛意，年輕人肯學習，同時很有上進心，但就是身材矮小了一點，在這一點上，年輕人子有些自卑心理，於是他問姑娘：「你是不是認爲一個男子只有身材高大，才能夠展現出他的魅力？」
「是的。」姑娘很坦誠的說。
結果，之後年輕人對姑娘是避而不見，後來，兩人最終以分手告終。
男子身材高大了很好看，這個是不用懷疑的，但是這位姑娘說話也太坦誠了，直接傷害到了男孩的自尊心，她其實可以很幽默地說：「男子高大是很有魅力，但是男子的魅力並不是只展現在他的身高上，主要是在他的聰明才智上，個子矮了不怕，怕的是沒有上進心。」假如她這樣說的話，那麼他們的愛情就不會中途擱淺了。

第四種，唯命是從

相聲《虎口遐想》裡，有這樣一段很有意思的對話：
甲：假如我要是有一個女朋友的話，我能夠在星期天沒事來找老虎玩嗎？
乙：那怎麼還就不能來了？
甲：怎麼不能？戀愛中的小夥子們說，你們談戀愛的話，星期天的時候，誰不上丈母娘家裡幹活去？
乙：是這樣的啊？
甲：是這樣的！我跟你說，我們家老二自從有了對象，他們丈母娘家根本就不請保姆了。
乙：看起來你是想要當保姆了。

……

這雖然只是一段相聲，但是他畢竟是眞實生活的總結，內容聽起來又眞實又有幽默感，不少青年爲了俘獲對方的愛情，就是要馴服一些，就是唯命是從，丈母娘家有事情，就會隨叫隨到，有的時候都會喪失一些主見，甚至沒有原則，這種事情很多，但是這種現象並不提倡。

3 藉助幽默的力量表達自己的眞心

愛情是人類內心深處發出的一種最爲美好的情感，因此它需要用美好的語言來歌頌它、讚美它、表達它。如果兩個人已經互相愛慕了，卻還不能夠在一起，那就是語言的因素在制約著二人，最終如果因此而中斷了感情的話，那實在是一件非常糟糕的事情，所以建議青年朋友們，學習一些幽默的語言技巧，這一點對於你談情說愛很重要。

前面也講過，愛情的產生和維持，主要是靠著感情作爲基礎，那麼如何建立堅不可摧的感情呢？俗話說得好：「只有掏出心來，才能心心相印」，這其實就是在告訴我們，愛情要有一顆眞誠的心，然後藉助幽默的力量，將你的眞情全然表現出來，這樣就是幽默的力量的展現。

有一個長相英俊帥氣的小夥子，經常到一家銀行的窗口上辦理業務，自然他辦理的業務無非就是存款和取款。直到有一天，他把一張紙條連同銀行的存摺都伸進了窗口，營業員才明白了他要做什麼。

紙條是這樣寫的：「親愛的娜娜，我一直在儲蓄著這個想法，希望有一天可以收到你的利息。如果明天晚上你有空的話，能不能把自己存放在電影院裡，我身邊的那個座位上呢？如果眞的可以的話，那我就要把我的要求全部取出，然後安排在明天晚上，不管利率如何，我想有你的陪伴都是愉快的。我想我的這個要求不算很過分吧，希望有機會和你核對。眞誠的小強。」

娜娜沒有抵擋住這個誘人的、新穎的接近對方的辦法。

小強就是用這種獨特的方法，用他幽默的語言，表達出了他的眞實想法，最終是贏得了娜娜的感情。

富蘭克林．羅斯福的夫人，有一次在一個關於「醜小鴨」的幽默中，談到了自己對羅斯福的深切感情，當時的場面讓人非常感動。

她是這樣說的：「我在童年的時候，就渴望別人對我的關注，因爲我始終覺得我不能夠吸引別人，所以應該不會還有人對我傾心。有時候別人都說我是醜小鴨，對於拜倒在我妹妹裙下的翩翩美少年，我不會去想。小時候我身上穿的，全部都是姑媽的舊衣服，我跳舞的姿勢，也永遠比不上其他的姑娘，在參加舞會的時候，也沒有人邀請我跳舞。直到有一天，參加一個聖誕的舞會，一個男孩子過來邀請我跳舞，我心裡對他的感激從那個時候就開始了，一直記到現在。那個男孩的名字叫做富蘭克林．羅斯福，就是我們現在的總統。」

富蘭克林．羅斯福夫人的這段回憶，以笑談自己的方式開始，幽默的表達了對富蘭克林．羅斯福最爲眞摯的感情，從此也被傳爲一段佳話。

4 幽默可以讓愛情更進一步

「關關雎鳩，在河之洲。窈窕淑女，君子好逑。求之不得，寤寐思服。優哉遊哉，輾轉反側。」

青年男女總會碰到這樣的問題，喜歡上了一個異性，但是不知道該用什麼方式去表達，既不方便向別人請教，又擔心錯過了就不再有機會，最後只能是保持沉默，心中暗自著急。

其實，向愛慕的人表達自己的愛意有很多方式，但是得體的、充滿幽默感的求愛方式會更有魅力，讓整個求愛場面變得浪漫而富有情趣。

有一位姑娘，把自己男朋友給自己寫的信拿給小姐妹們看，上面只有短短幾句話：「我中箭了，是一支丘比特的箭，我希望你能夠和我中相同的箭。」

這個年輕人就是藉助丘比特這個小愛神，來表達了自己的愛意。

俄國作家列夫．托爾斯泰在年輕的時候，和莫斯科郊區的貝爾斯一家關係很好，有一次，貝爾斯夫人帶著幾個女兒來到列夫．托爾斯泰的家中，列夫．托爾斯泰給貝爾斯的二女兒索菲亞幾張卡片，上面使用俄文的字母寫成的兩句話：「您的年輕和對幸福的需求，十分鮮明地提醒我，我已經年老和不可能得到幸福。在你們家，對我和您姐姐麗莎有一種錯誤看法。您和您妹妹丹妮婭要維護我。」索菲亞看到後感覺又驚喜又激動，她當即紅著臉默默接受了他的求愛，後來他們徵得了父母的同意，於是在當年的九月二十三日，列夫．托爾斯泰和索菲亞舉行了盛大的婚禮。

由此可見，把握好時機，把握好場合，用幽默的方式去打動對方，收穫對方的芳心，就變得易於成功。

如果有一天，你夢中的情人出現了，那你該怎麼辦呢？是要坐等機會的失去嗎？

當你一個人走在回家的路上、當你在同學的聚會上，突然看見一個曾經相識的女孩，她的亭亭玉立、她的音容相貌、她的非凡氣質無法讓你抗拒，這個時候，你將怎麼辦呢？你是選擇勇敢的接近，還是自卑地退出？其實任何女孩都喜歡被男孩追求的感覺，所以藉助自己幽默的語言，勇敢地去接近你心儀的女孩，要勇於把握自己的愛情。

《阿飛正傳》是一部很經典的電影，在其中就有這樣一段非常具有創意感的幽默情話：

在一個很普通的下午，阿飛對著蘇立珍說：「看著我的錶，就一分鐘。十六號，四月十六號。一九六〇年四月十六號下午三點之前的一分鐘，你和我在一起，因爲你和我都會銘記這一分鐘，從現在開始，我們就是一分鐘的朋友，這已經成爲了事實，你無法改變，因爲這些都已經過去了，我到明天還會再來。」

這段浪漫又充滿幽默的情話，相信沒有幾個姑娘可以抵擋，總之，蘇立珍沒有，我們再來看一下她的內心世界：

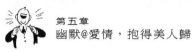

我並不知道他有沒有因爲我的緣故而記住那一分鐘，但是我一直記著這個人，在之後的日子裡，他眞的每一天都會來，我們最後就由一分鐘的朋友，變成了兩分鐘的，沒有多久，我們就成爲了一個小時的朋友，以至更多。

缺乏幽默的愛情是蒼白的愛情，甚至可以說愛情是從幽默開始。求愛的時候，一般都是藉助書面的方式，來表達自己的愛意，情書需要一種強力的修飾，如果沒有幽默的介入，就變得很無聊和沒有意義。

富蘭克林一七七四年喪偶，一七八〇年的時候他在巴黎居住，當時，他向他的鄰居——一位迷人的、富有教養的富孀艾爾維斯太太求婚。

富蘭克林的情書是這樣寫的：「我夢到了我已經過世了的太太，和您的亡夫在陰間結爲連理，」然後他寫道：「我們來爲自己報仇雪恨吧。」

這封情書可以說是情書中的經典，也是非常有意思的一則幽默小品。求愛時的情書有著投石問路的作用，可以試探到對方的意思，所以，語言如果過於莊重和正式的話，一旦遭到拒絕，就讓人無法接受。但是如果能夠恰當的運用幽默的技巧，透過豁達的氣度來對待愛情問題，就算是最終沒有得到愛情，也避免傷害自己的自尊心。

世間的眞愛是可遇不可求的，所以一定掌握幽默的技巧。我們在求愛的過程中，一定要有一顆眞誠的心，更要有一種機智和幽默的表達方式，這樣所求來的愛情才足夠穩固，如果僅靠死纏爛打的方式，即便暫時得到了愛情，最終也會失去。在求愛之前需要製造好感，幽默的力量就在這個過程中體現了出來。

5 幽默可以推動愛情穩步發展

無論是男孩還是女孩，在戀愛的過程中，總是會竭盡全力地去取悅對方，在自己做出幽默舉動的同時，也希望得到對方的回應，幽默就讓雙方都處於一種歡愉的狀態中。

英國溫莎公爵，也就是原來的愛德華八世，他爲了能夠獲得愛情，竟然放棄了自己的王位，用「不愛江山愛美人」來形容他，完全不爲過，這就是這位公爵的愛情。

有一次，公爵和幾位朋友談論到，如何讓自己的夫人感到愉悅，他很風趣地說：「應該說，在這一方面上，我要比你們任何人都要有發言權，當感情遇到危機的時候，如果能夠告訴她或者提醒她，是爲了她爲放棄王位的，事情就有了很大的轉機。」

有人曾經問歐瑪．龐貝克，在她買的所有東西中，哪一個的價值是最高的，她考慮都不考慮地說：「我的結婚戒指。這麼多年了，它一直沒有貶値，它讓我在誘惑面前能夠不爲所動；在晚會上，它提醒我的丈夫早點回家；在餐桌上，它讓同桌的人不至於對我自作多情；在產房裡，它可以告訴別人，我是一個合法的妻子；在過去的三十年裡，它都在告訴著我，有個人一直在愛著我。」

不管社會身份是怎樣的人，他們都可以藉助幽默的力量，來珍惜自己的愛情，讓自己的愛情之花永遠不凋謝。

就像匈牙利的偉大詩人裴多菲的詩句一樣：「生命誠可貴，愛情價更高。」藉助幽默的力量，可以保障你的愛情正常發展，也可以去諷刺那些對愛情不忠貞的行爲。

我們來看一個叫「愛情的色彩」的幽默故事。

「親愛的，你能告訴我，愛情是什麼顏色的嗎？」

「我想是紅色的，就像那紅彤彤的大立櫃。」

「不對。」

「那就是色彩斑斕的，就像鳳凰一樣。」

「這個也不正確。」

「哦，那你告訴我是什麼顏色的呢？」

「蒼白的，大概就像我買東西時你的臉色一樣。」

我們再來看一個「結合原因」的幽默故事。

妻子說：「我知道，你之所以和我結婚，就是因爲我有錢。」

丈夫說：「不是，是因爲我沒有錢。」

這些都是愛情世界裡的小幽默，我們可以藉助這些幽默，讓我們的愛情世界更爲有趣和穩定。幽默的力量帶給我們的樂趣，可以和自己的愛人一起分享，只有和家人一起歡聲笑語，才是最大的快樂，才能夠讓愛情更加穩定的發展。

6 用幽默讓你的愛情更加和諧

幽默的口才，可以給我們的精神生活帶來滿足，有了這種口才，就可以盡情享受自我的優勢，從而發揮出自己的才能和力量，就算是面對人生的失敗和苦惱的時候，也可以開拓我們的胸懷，可以讓我們在痛苦中得到一定的慰藉。

幽默的口才，可以讓看起來不和諧的事情變得更加的協調，男女之間存在的一些神秘的、無法解釋的關係，也可以在幽默中得到解釋，這個也是男女之間相互吸引的重要因素。

在戀愛的過程中，藉助偷換概念的幽默方式，可以給雙方感情中增添潤滑劑，同時讓雙方得到眞心的歡樂。

有一對戀人正在熱戀階段，他們在公園裡約會，女孩問道：「我現在問你，你必須老實回答我，不許隱瞞。在我和你談戀愛之前，有誰摸過你的頭、揉過你的肩膀、捏過你的臉頰？」

男孩說：「啊，這個啊，這個太多了，昨天就有一個。」

女孩很生氣的說：「那是誰啊？」

男孩說：「理髮師啊。」

女孩的意思，其實想知道這個男孩還和哪個女孩親熱過，但是男孩很聰明的，把話題轉移到了日常的生活中，他這樣的語言和口才，誰能夠不笑呢？男孩在求愛的過程中，總是喜歡用各種幽默的方式，向女孩發起攻勢，很多女性對此會喪失抵抗力，最終投入到對方的懷抱中。

有一個男孩給另一個女孩說：「請你一定相信我。」

女孩說：「怎麼相信？」

男孩說：「我純潔的愛情只會給你一個人。」

女孩說：「那，那些不純潔的愛情給誰呢？」

「三心二意」是很多男孩的毛病，如果某個女孩的男朋友，正在被其他的女孩所吸引的時候，不要蠻橫的指責對方，這樣做並不能達到想要的目的，反而會降低在對方心目中的地位，如果藉助幽默的調侃方式，給對方溫柔的一擊，這樣就會達到目的，而且會突顯出自己的魅力。

有一對戀人參加一個聚會，女孩子發現自己的男朋友，一直在看著身邊的一位妖豔女郎，於是她對男朋友說：「你和她說上幾句話吧，要不然別人都以爲她是你的未婚妻。」

這個女孩就是一個聰明的人，她這樣做，一下子就會把男朋友拉回來，這種溫柔的攻擊，是任何男士都願意接受的。

「小心眼」幾乎是所有女孩的通病，當女孩的醋意上升時，男士的幽默感就非常重要了。

有一對戀人，正躺在沙灘上接受日光浴，女孩看到海邊有一個只穿著三點式泳裝的女郎在搔首弄姿。

「看啊，」她對身邊的男朋友說：「她不是和你最喜歡的×××一樣嗎？」可是男朋友對她的話一定反應都沒有，只是閉著眼睛躺著。

女孩很詫異地說：「怎麼，你一點興趣都沒有嗎？」

「肯定。」男孩說：「如果她真的和×××一樣，你肯定是不會讓我看的。」

面對女朋友的故意「挑釁」，這個男孩表現得非常冷靜，他用帶有幽默的語句回擊了女朋友，一方面暗示了女朋友的小氣，另一方面也把自己的款款愛意表達了出來。

如果你能夠對你的戀人使用幽默的語言，你們的愛情生活就會得到很多的快樂，戀人之間的幽默，是一種無法抗拒的快感，帶有很大的誘惑力。

7 幽默改變家庭生活方式

現代家庭中的夫妻雙方都有自己的工作，都有自己的社會交際，雙方在某種程度是處於一種獨立的狀態中，這樣誰來統領全家，就成爲了現代家庭的又一個矛盾，這個矛盾會讓雙方的距離越來越遠，但是解決起來卻有很大的問題，這個時候就需要幽默來展示它的功力了。

一位中年男子向他的朋友們說出了他婚後生活一直很美滿的原因，「我的夫人主要是決定小事情，」他說，「而我只要對大事情做出決斷，我們這些年都是相互尊重、和平共處，從來沒有怨言，很少有爭吵。」他的朋友對他的行爲很贊成，同時問他：「那在你們家，什麼事情是由他決定的小事情呢？」他說：「諸如我要申請怎樣的工作、家庭的開銷問題，以及週末去什麼地方玩這些問題，都屬於她管理。」朋友們都很驚訝，然後又問道：「那你決定的所謂的大事情，都是些什麼事情呢？」這位男子回答說：「比如說由誰來擔任總統、向怎樣的國家援助、對待原子彈以及核問題是什麼態度之類的，都是我負責。」

從某一種角度來說，女人的統治欲和佔有欲，是要比男子強烈很多的，所以一般的家庭中，都是女人佔著統治者的地位，不管是普通的主婦，還是一位偉大的夫人都是這樣。

彼得還在擔任匹茲堡市市長的時候，有一次和自己的夫人蘭茜，一起視察一個正在施工的建築工地，一位建築工人對著蘭茜大聲喊道：「你還能想起我嗎？我們在高中的時候經常約會？」這件事後，彼得曾經嘲笑蘭茜說：「嫁給我真的算是你運氣好，要不然你就是一名建築工人的妻子，而不是市長夫人了。」蘭茜反唇相譏道：「應該慶倖的是你，要不然匹茲堡市的市長可就是他了。」

我們的身邊肯定有所謂的「妻管嚴」的男子，他們經常會被同事和朋友嘲笑，其實怕老婆是一種優秀的品質，這其實是對老婆的足夠尊重和寬容，但是面對別人的譏笑也是很難受的，所以就需要藉助幽默的方法來驅趕尷尬。

有一個妻子對丈夫說：「你在外邊喝酒都很少，爲什麼在家裡要拼命喝這麼多酒呢？」丈夫說：「我聽說酒能夠壯膽，面對你需要更大的膽量。」

充滿幽默感的人，不會擔心自己怕老婆的事情曝光在外邊，讓眾人知道。我們來看看這樣的一段對話。

甲：「你的工作是什麼？」

乙：「在公司裡邊我可是老大，什麼都管。」

甲：「這個我相信，你看起來就是有工作能力，那麼在家裡呢？」

乙：「我當然也是頭頭了。」

甲：「哦，那您的夫人呢？」

乙：「她是脖子。」

甲：「哦，這個是爲什麼呢？」

乙：「因爲當我想轉動的時候，就需要聽從脖子的。」

乙的回答讓人忍俊不禁，當場讓人們大笑起來，他的這種自嘲的方法，其實也是在展示自己的婚後生活很幸福，如果他的夫人眞的是非常恐怖的那一種人的話，那他在外邊也是開不出這樣的玩笑來的。所以要善於利用幽默的方式，通過自嘲，在排解尷尬的同時，也展示了自己的幸福，這一點是相當重要的。

面對妻子的大發雷霆，如果丈夫能夠利用幽默的方式，就可以化解一場暴風雨，讓夫妻之間的關係更加融洽和和諧。

8 幽默的語言可以表達愛情

愛情是人類世界最爲奇妙的一種情感，愛情可以讓男女之間的生活更加絢麗多彩。

但是，愛情世界終究會出現矛盾，甚至會出現危機，這時就需要幽默這種工具，來讓戀人之間的時間和空間上的隔閡消失，只留下美好和快樂，所以，幽默是愛情世界中必不可少的一部分。

青年男女都是經過了情竇初開的感情培養階段，然後才能夠漸入佳境，最終達到兩情相依的階段。在整個過程中，都需要有幽默來促進，只有這樣才能夠更好的採擷愛情的果實。表達愛情的方式很多，但是幽默的方式絕對是最好的，也最有效的方式，在下文中將介紹一些透過幽默的方式表達愛情的方式。

第一種，坦率直言

舊時，有一個布商爲長女怡悅舉辦招親大會。怡悅精通琴棋書畫，又聰明漂亮，於是她提出選夫君的條件只有一個，那就是：只要有人能夠提出難倒她的問題，她就願意嫁給誰。

很多文武雙全的俠人義士，紛紛前來參加招親大會。但是，即便是他們提出多麼稀奇古怪的問題，怡悅都能夠對答如流，沒有一個能難倒她的問題。俠士們也只好相繼掃興而歸。

有一個不起眼的文弱書生也聞訊前來，他是個很坦誠的人，也對布商之女心儀已久。他來到怡悅面前，直言道：「請問，我提出什麼樣的問題能夠難倒你？」

怡悅掩嘴一笑，答應嫁給了他。

第二種，借物抒情的方法

革命導師馬克思在愛情上也是一個情聖，他的求愛方法富含幽默感，讓人拍案叫絕：有一天，馬克思和燕妮在小樹林裡約會，儘管當時他們已經都鍾情於對方了，但是一直沒有捅開這層窗戶紙，於是，這一天馬克思終於鼓足勇氣，對燕妮說：「我有一個朋友，我現在準備和她結婚，不知道你願意嗎？」

燕妮聽後很吃驚，她說：「你已經有女朋友了？」

「是的，我已經有了，而且很久了。」接著馬克思說：「我這裡有一張她的照片，你可以看一看。」

燕妮很不安地點了點頭，於是馬克思拿出一個很是精緻的小木盒子，遞給她說：「等我走了你再看吧。」

燕妮等馬克思離開之後，心情忐忑地打開了這個盒子，只看到了裡邊有一面小鏡子，燕妮在鏡子裡看到了自己，燕妮也笑了。

有時候具有嘲諷意味的幽默，也可以糾正他人不正確的戀愛觀，在我們的生活中同樣有這樣的例子。

我們來看一個「什麼蛋最貴」的幽默故事。

甲：「你知道什麼蛋最貴嗎？」

乙：「我想是鴨蛋吧？」

甲：「不，臉蛋最貴。」

乙：「你是怎麼知道的？」

甲：「我已經給我女朋友兩萬多塊錢了，而我的丈母娘說，憑她女兒的臉蛋，再給個兩萬都不夠。」

而「東吃西眠」的這個幽默故事，就是用來諷刺對待愛情不專一、朝三暮四的。

古時候，有一個年輕的姑娘快要到結婚的年齡了，正好有兩家人來求親。東邊的一家人兒子長相有點醜，但是家庭非常富有；西邊的一家正好相反，是屬於長相英俊而家中比較貧窮的。

姑娘的父母問她說：「你想嫁到誰家去？」

姑娘回答說：「我願意嫁給兩家。」

父母很吃驚地說：「你這話是什麼意思？」

姑娘說：「我每天在東家吃飯，然後在西家睡覺。」

「漂亮女友」的幽默，就是諷刺那些只是追求外表，不重視追求內心美的人的笑話。

有一個風度翩翩的小夥子，就想找到一個如花似玉的女朋友，這一天他來到媒婆家，媒婆對他說：「我這裡有一個長得像水仙花一樣的……」

小夥子聽後非常開心，當即就說可以，並不等媒婆的解釋，生怕別人搶了去。可是兩人見面後，小夥子非常生氣的找到媒婆說：「你爲什麼欺騙我？」原來媒婆給他介紹了一個老太婆。

「我並沒有欺騙你啊，她的確很像水仙花啊，白色的頭髮、黃色的臉、走路不穩的腿……」

再來看一看「不能要求過分」，借此諷刺那些對戀人要求過高的人。

一個年紀有點大了的老姑娘來到婚姻介紹所，然後對工作人員說：「我感到很寂寞，……我希望找到一個丈夫，他是討人喜歡的，而且家教很好，語言能力很好，愛說愛笑，而且愛好體育，身體很好，有著很強的消息來源……最後還有一點，我讓他講話，他就願意講話，我讓他住口，他就會住口。」

服務人員很幽默，於是給她說：「小姐，我建議你還是去買一台電視機吧，它很符合你的要求。」

像這樣的笑話還有很多，我們透過上述的一些例子，知道了幽默在愛情世界裡有著不可或缺的作用，希望所有人能夠掌握一些幽默的技巧，並且獲得一份圓滿的愛情。

Chapter

第六章

幽默@家庭，五味生活中的「第六味」

每個人的家庭都不一樣，但是家庭是我們的避風港灣、是我們歡樂的源泉，不過在這些歡樂中，偶爾也會有風浪出現，所以家庭中的每個成員都需要想辦法，緩解家庭成員之間的矛盾、維護家庭的和諧幸福，而在此中，幽默就是最好的辦法。

1 幽默是家庭和諧的潤滑劑

每一個家庭都是社會的一分子，是這個社會大家庭的有機組成部分；我們每一個人都是其中的一員。在當今的社會中，有些家庭能夠和睦相處、歡樂的度過每一天；有些家庭則矛盾不斷，經常發生口角。一個家庭中從不出現口角也是不現實的，但是整天矛盾不斷就需要解決了。作爲家庭的每一個成員，尤其是家庭中的年輕人，都要懂得幽默，懂得用幽默的方式代替煩惱，透過一個愉悅的形象，表達出個人的感情，從而打動全家人的感情變化，讓整個家庭變得更加的和諧、溫暖和和睦。

曾經有一個外企的員工，他的工作非常忙，經常不能夠準時回家，下班之後要加很長時間的班。時間久了，他的妻子就有點受不了了，有一次他的妻子對他說：「你還要這個家，還回來吃飯嗎？」他沒有回答，只是一股腦兒地在喝湯，妻子感覺很奇怪，於是就又問他：「你是不是又在發神經，只知道喝湯？」他說：「我怕火氣上來，所以索性喝些湯，壓壓火。」他的話讓妻子哭笑不得，還是給他盛上了飯，他也笑嘻嘻的和家人一起吃飯了，妻子的氣自然也全消了。

一八七〇年二月二日，是美國著名作家馬克．吐溫和頭髮烏黑、美貌驚人的莉薇小姐的婚禮，他們的婚姻給他們帶來了無限的幸福。新婚不久，馬克．吐溫給自己的朋友寫信，他在信中寫道：「如果早知道結婚之後的生活這樣幸福，那我就應該從呱呱墜地的時候就開始結婚，而不是把時間浪費在瑣碎的事情上。」

馬克．吐溫對自己的愛情很滿意，從他極具幽默的話中，我們可以看到他對自己的感情和婚姻生活也非常珍重。

一個美滿的家庭，就像一輛在公路上行駛正常的汽車一樣，除了需要及時添加燃料，除了要掌握好方向盤之外，還需要不斷給汽車添加潤滑劑，以防止汽車的各個零件經常摩擦而導致無法使用，幽默的力量就像是這輛車的潤滑劑，它就有著潤滑的作用。

要讓自己的家庭生活幸福快樂，就需要以一顆寬容的心去面對，而且還需要藉助恰當的幽默方式，來緩和家庭的氣氛，讓整個家庭都生活在快樂和和諧之中。

溫斯頓．邱吉爾是英國的前首相，他在講到自己的夫人的時候說：「我認為我一生最輝煌的事情，就是讓我的妻子嫁給了我。」在一次宴會上，邱吉爾先生和自己的夫人面對面坐著，邱吉爾先生的手一直在桌子上移動，兩根手指頭伸出來彎曲向著他的夫人，人們對此都感到很奇怪，於是就詢問他的妻子：「邱吉爾先生這樣做，到底有什麼特殊的含義呢？」

邱吉爾夫人聽後，哈哈大笑了起來，她說：「是我們出門的時候，發生了一些小爭吵，現在他意識到他錯了，所以就給我做出了雙膝跪地的姿勢，以向我道歉。」

在家庭生活中，人們出現一些錯誤是很正常的，也是無法避免的。如果這個時候只知道相互抱怨，是沒有任何作用的，此時如果能夠用到幽默的辦法去妥善處理，任何麻煩和不愉快都可以得到解決。

其實這樣的例子很多：

第一個故事。

有一個粗心大意的丈夫，因爲工作太忙了，所以忘記在妻子生日的時候贈送禮物，等到了第二個月的時候才反應過來，於是他只好拿著遲到一個月的禮物來向妻子道歉：「作爲明年生日的禮物，應該不算遲到吧。」

第二個故事。

「昨天我看見你的太太咳嗽很厲害，大家都在注意她，她應該是生病了吧。」

「哦，不是的，因爲她穿了一件新裙子，她想得到大家的注意。」

第三個故事。

有一個男子很苦惱地告訴朋友們，他的妻子總是暗示，她想得到一個能經常和脖子接觸的禮物。於是朋友們建議他故意曲解妻子的意思，送她一塊香皀作爲禮物。

第四個故事。

有人問一個夫人道：「能否告訴我們，您和您的丈夫是怎樣結束爭吵的？」

夫人回答說：「每次都是我跪在地上的時候才能夠結束。」

對方對此很驚異，於是說：「眞的是難以想像。」

夫人又說：「是的，每次都是這樣，我都要跪在地上教訓他：『你這個挨千刀的，快點從床下出來。』」

我們再來看一個有關於家庭中的小幽默。

從前，有一對夫妻，在結婚後總是爭吵不斷。有一次他們爭吵到最高點，妻子說：「這簡直不能稱之爲家，我在這裡待不下去了。」說完之後，她就開始收拾自己的衣服，然後奪門而出。此行動一出，丈夫衝出門叫道：「等等我，我們一起離開，你說得對，這種家怎麼可能讓人待得下去。」男的也回過頭拿起自己的箱子，追上了妻子，於是他們一起轉了一大圈之後，又一次一起回家了，此時他們的表情就像是剛度完蜜月回家來一樣。

家庭之中吵吵鬧鬧，夫妻之間有些摩擦是很正常的，但是這種煩惱總是會影響到我們的家庭和諧，也會影響到我們的工作，那麼到底什麼可以幫助我們解決這些問題呢？其實，我們只要用到一些小幽默，就可以很好的解除這些問題。

有一對夫妻給自己家裡貼壁紙，丈夫認爲妻子貼得不好，但是妻子卻並不在意，於是丈夫氣惱地說：「我追求完美，而你卻這麼容易滿足。」

「這其實也就是你娶我，而我嫁給你的原因。」他的妻子說。

妻子藉助丈夫的話來回答他們結婚的原因，反而說明了妻子是一個完美的人，而丈夫卻不是，語言幽默詼諧，能夠給家庭帶來很大的歡愉。

2 讓幽默發揮家庭「避震器」的作用

幽默是家庭生活中的花絮，它就像是味精一樣，為家庭生活提味，幽默也像是一個避震器，減去了家庭中的小震盪。

家庭是拉著一家人在生活這條大路上前行的馬車，生活這條路並不一定是筆直平坦的，而是充滿著崎嶇坎坷，為了減少馬車上的震動感，就必需要有避震器，這個避震器其實就是幽默。

美國著名的心理學家赫布·特魯指出：「繁瑣的家務需要幽默。」每個人的生活中都充滿著幽默，我們需要做的，就是把這種樂觀的幽默態度，適當地用在自己的生活中，這樣我們的生活就會變得和諧、美滿。

在日常的生活中，遇到矛盾、分歧和尷尬甚至隔閡都是很正常的，我們不能因為這些而影響到我們的情緒，幽默在這個時候，可以化解家庭成員之間的矛盾，可以減少相互之間的分歧、消除相互之間的尷尬、打破相互之間的隔閡。幽默一般都是透過語言的形式表達出來，幽默的語言都是有趣、可笑又意味深長的，它能夠提高我們生活的情趣。可以說哪裡有幽默，哪裡就有活躍和歡樂的氣氛。

現代家庭中尤其需要幽默。原本獨立的兩個人，在成立了家庭之後，兩個人就要朝夕相處。戀愛時的浪漫，都會被生活中的瑣碎事情所代替，兩個人自然會因爲越來越繁雜的、枯燥的、永遠做不完的家務而發生矛盾，家庭的活躍氣氛也會越變越少。如果此時夫妻之間都是比較開朗、幽默的人的話，婚後的感情生活同樣會得到歡樂，夫妻之間也會歡快很多。

列寧說：「幽默是一種優美的、健康的品質。」

透過事實證明，家庭生活中的幽默，的確是可以消除煩惱和憂愁，的確可以增進身心的健康，而且這種幽默可以增進夫妻之間的感情，可以爲生活增添很多樂趣。

我們接下來看一個「夫妻同室寫情書」的幽默故事，透過這個故事，領悟婚後生活中的幽默，如何解決生活中的具體問題。

著名的抗日民族英雄吉鴻昌與胡紅霞，是一對恩愛的夫妻，兩個的感情也是非常牢固。吉鴻昌因爲從小失學，所以文化程度很一般，胡紅霞主動承擔了提高丈夫文化水準的重任，成了丈夫的文化老師。有一次，她看到吉鴻昌在書桌前苦學苦讀的情景，於是開玩笑地說：「孺子可教也。」兩人最有趣的事情，莫過於爲了提高兩人的文字技巧和寫作的水準，兩人在同一間房子之內，卻相互之間用書信來交流。兩人在同一房間裡寫的這些情書，不僅促進了雙方的感情，也交流了兩人的愛國情感，成爲了抗日戰爭時期著名的賢伉儷。

馬克思的夫人燕妮也曾經說過，她不僅僅要成爲一個賢妻良母，也要成爲馬克思的革命戰友，成爲他的同志。吉鴻昌的妻子胡紅霞也正是這樣，她不僅對吉鴻昌的感情堅定，兩人也相互提攜工作，一時間被傳爲美談。

現實生活中的小幽默，能夠看到兩個人的感情和智慧，幽默能夠幫助我們解決很多家庭生活中的困難，讓家庭充滿著笑聲和和諧之音。

3 對家人的關懷包含在幽默之中

有人問赫伯說：「什麼是愛的喜劇？」

赫伯回答他說：「如果我們能夠花很多的時間、精力、金錢和勞力去愛一個人，這就是我們愛的喜劇；如果我們花了很少的力氣，去表現自己的可愛，這就是一種悲劇。」心理學家弗洛姆也說過：人們一般想到的是被人愛，卻很少想到去證明自己愛的能力。

十九世紀俄國偉大的批判現實主義作家托爾斯泰有句名言：「幸福的家庭都是相似的，不幸的家庭各有各的不幸。」這些話就是對家庭問題富有哲理化的高度概括，它就像是一面鏡子，對古今中外的很多家庭起著指導作用。

如果你是一個妻子，或者一個孩子的母親，你可能會經常抱怨，你的生活中有太多的家務工作、有吵吵鬧鬧的丈夫、還有電視機中無聊的足球賽……你可以抱怨，但是你要知道，抱怨其實一點作用都沒有，如果你能夠用愛的眼光去看待這些，你會發現這些其實都可以變成喜劇。

有一天，一個丈夫穿著一件嶄新的白色上衣出門了，但沒有想到那天下了很大的雨，等到他回家的時候，已經是全身濕透，看上去就像一隻落湯雞，而且身上沾滿了很多的污泥。

回到家之後，他們家的狗一時沒有認出他來，竟然狂吠不止，而且撲了上來，丈夫非常生氣，拿起一根棒子準備教訓這隻狗，這個時候他的妻子出來說：「你還是算了吧，不要打它了。」

丈夫很生氣地說：「這條狗眞的是太可惡了，居然連我都不認識了。」

妻子說：「親愛的，你也要爲它考慮啊，你想如果它這條白狗出去，有一天也變成一條黑狗回來，你會認出他嗎？」

妻子很親昵地將丈夫比成了一條狗，但是她並沒有責罵和侮辱丈夫的意思，只是一種生活中的小幽默，是夫妻之間親昵的一種舉動，妻子用這個小幽默，既消除了丈夫的怒氣，同時也表達了自己對丈夫的關愛之情，一時間氣氛變得相當輕鬆。

很多時候，我們的親人難免會出現一些錯誤，比如說菜燒糊了、衣服熨壞了等等，這個時候他們需要的不是你的嘮叨和責備，而是希望得到你的諒解和安慰，如果在安慰的過程中，能夠加入一些幽默的成分，這樣你們將會更加開心，家庭的生活也會變得更加的幸福了。

一對結婚將近二十年的夫妻，這位妻子任勞任怨地，爲丈夫煮了二十年的飯。有一天，不知道爲什麼，妻子煮的飯很難吃，簡直是二十年來最難吃的一次，菜有些爛了，肉也有些焦了，丈夫則是在一邊吃得津津有味，絲毫沒有責備妻子的意思，當她正準備給丈夫道歉的時候，丈夫一把將她摟在了懷裡。

妻子很詫異，於是說：「你這是什麼意思？」

「哈哈哈。」丈夫笑著說：「今天晚上這頓飯，和剛結婚那天晚上的飯一模一樣，所以今天晚上我要將你當新娘子一樣看待。」妻子聽後也是感動得熱淚盈眶。

丈夫的這番幽默的話語中，充滿著對妻子的愛，完全沒有責備；妻子也在其中品味到了濃濃的愛意和關懷，她也感覺非常幸福。

夫妻之間的關懷，需要不斷的表達出來，藉助著幽默的方式，我們能夠在相互會心一笑之間，解決所有的問題，並且讓雙方感受到濃濃的愛意和暖暖的幸福。

4 幽默在夫妻之間起著重要作用

很多人都喜歡說：「婚姻是愛情的墳墓。」他們之所以這樣認爲，是因爲他們認識到了婚姻的現實性和公式化。愛情是一種虛幻的存在，它很難讓人捉摸，也正是因爲這個緣故，所以耐人尋味，才會給人以想像空間，從而獲得更大的快樂。一旦愛情發展到了實體階段，結婚就成爲了順理成章的事情，婚姻不像愛情一樣，它必須實打實、它必須按部就班地來、它必須一五一十地來，而且之後的婚後生活更是瑣碎且麻煩。

在這種公式化的婚姻面前，幽默的重要性就愈加顯現出來，家庭生活中的幽默就像是潤滑劑一樣，可以幫助我們建立和諧的家庭環境。家庭中的幽默，首先建立在純潔健康的心態上，同時要懂得夫妻之間的相互理解和積極配合。有些看起來無關緊要的問題，其實可以緩解夫妻之間緊張的氣氛，是調節生活的最好的良方。當一方轉入話題的時候，另一方就需要適時配合下去，這樣，雙方的談話就會變得很輕鬆，如果另一方在此時沒有表現出相應的熱情，而是冷淡地面對的話，很可能就會弄巧成拙，反而加劇了緊張的氣氛。

夫妻之間的幸福很多，無奈和煩憂自然也不會少。如果都能夠按照幽默的原則來對待，那麼生活就會朝快樂的方向傾斜。

夫妻雙方如果都懂得用幽默的方式來灌溉婚姻生活，那麼「婚姻是愛情的墳墓」的困惑就不復存在，反而可以用「婚姻是愛情嶄新的起點」來代替。

西方的一個哲人曾經說過：「解釋是幽默的致命傷，幽默是浪漫的致命傷。」家庭中的幽默，是夫妻任意一方靈光一閃的傑作，當對方講出幽默的時候，另一方自然也要反應敏捷，如果說的人妙語連珠，而聽的人卻沒有反應過來，竟然要求對方重新說一遍，那這個笑話就失去了它本來的意義，如果再將此幽默進行解釋，那麼就完全有焚琴煮鶴的感覺了，這樣是得不到任何的幽默的。

在分享幽默所帶來的力量和歡樂的同時，還需要積極的參與到這種幽默中來，而不是坐等別人的幽默，要知道你的積極參與，能夠獲得更多的理解和信任。

有人問愛因斯坦夫人：「您瞭解您丈夫的相對論嗎？」

夫人搖頭之後，然後充滿幽默地說：「我不懂，不過我瞭解我的丈夫，我知道他懂這個。」

隨著時間的流逝，事物不斷發展，它將給人們帶來巨大的變化，婚姻和家庭生活也會隨著這種變化，也呈現出某種變化的趨勢。

人和人肯定存在差別，如果和對方的看法不一致的時候，就可以藉助這種不一致來產生幽默，透過大家都不同點的笑而獲得輕鬆的談話環境。

有一些男人喜歡開女人的玩笑，說她們喜歡打扮，還任意地揮霍錢財，並且喜歡講話。曾經有一個男子，就這樣給自己的朋友說：「我的妻子有一個優點，就是不管自己做了多少衣服，總是說自己缺衣服穿。」

另一個朋友也說：「我妻子也是，她捨不得花錢，但是在買首飾的時候她就很大方了。」

女人在一起，正好也談論到自己的丈夫，她們認為男人都是粗心大意，都不懂得體貼別人，而且都有一點自以為是。

其中一個妻子就說：「在談戀愛的時候，他對我是百依百順，但是現在結婚還不到六年，他對我說話就變得大嗓門了，為什麼他的喉嚨能夠在六年時間裡變得這麼粗？」

另一個妻子此時則幽默地說：「我丈夫就比較喜歡吹牛，他說，他除了生孩子不會，其他的都會。」

這些生活中的小細節，都可以成為幽默的話題，像上面故事中的妻子和丈夫們，都是懂得幽默的人，雖然他們這樣說，但相信他們的婚姻生活都很快樂。

現在的社會不斷變化，男女之間的地位也在發生著微妙的變化，婦女也開始當家了。我們來看幾則幽默笑話。

甲說：「你在家裡是什麼地位？」

乙說：「我在家裡可是絕對的權威，大事都聽我的，小事一般都交給我妻子打理。」

甲說：「那，哪些是小事情呢？」

乙說：「像買冰箱啊、去哪裡旅遊啊、孩子上哪所學校啊之類的。」
甲說：「哦？那哪些是大事呢？」
乙說：「波灣戰爭啊、歐巴馬會不會連任啊之類的。」

丈夫對自己的妻子說：「從明天開始，我就要做一個好人了，再也不喝酒了。」
但是這個丈夫在第二天晚上的時候，還是喝得醉醺醺地回家了。
妻子說：「我還眞以爲你要重新做人，以後滴酒不沾了，沒有想到……」
丈夫說：「眞沒有想到，我重新做了一回人，還是喜歡喝酒。」

每個人都可能成爲幽默的創造者，都可以視幽默感爲一種重要的、主動的才能，將其應用在生活的各個方面，都會取得不錯的效果。

婚姻生活中的雙方，都已經不期望對方能夠給自己帶來更大的驚喜和浪漫，但是他們仍然需要更多的愉快和歡樂，尤其是在忙碌了一天之後。

散文家張小嫻說：「兩個人的結合，就像兩首曲子交匯成一首，由於原先的曲調、節奏各不相同，所以需要兩者的協調與合作，才能匯成一曲比原先任何一曲都好聽的音樂，如果配合不當或失誤，這首曲子一定比原先任何一曲都更糟糕。」爲了讓我們的家庭生活，能夠一直朝向健康和高品質發展，幽默就是必不可少的。家庭幽默就像是家庭生活中的潤滑劑一樣，它可以讓我們的婚後生活變得更加融洽、更加和諧。

大千世界、芸芸眾生，兩個人從相遇到相識，再到步入婚姻的殿堂，實在是非常美妙的一段緣分，就像歌手黃安唱的一樣：「多少男男女女相聚分離，遇見你是千萬分之一，哪怕時空拉開我們的距離，我只想和你在一起。」希望我們每個人都能夠珍視和呵護這段來之不易的緣分，用我們的熱情和我們的幽默，讓家庭生活更加美滿、和諧。

5 幽默能夠化解家庭矛盾

夫妻之間的幽默，能夠促使夫妻關係和諧，能夠使雙方更具有吸引力，能夠化解雙方之間的矛盾，讓他們相愛如初。

有一位男子在宴會上告訴了朋友，他之所以擁有美滿生活的秘密：「我的夫人對所有的小事來做決定，而我主要負責一些大事。我們相互之間，沒有干擾，自然就不會有很多的怨言，爭吵就更談不上了。」

他的朋友說：「我很贊同你的觀點，你們的婚姻生活眞讓我們羨慕。」

這位男子說：「這也算不了什麼，只要每個人在家庭生活中，足夠尊重自己的另一半，再用到幽默的方法，這樣夫妻之間的關係就會越來越好。」

我們來看一個流傳在波蘭的小幽默故事。

新郎說：「親愛的，我們來繪製我們婚後的生活吧，在我們家裡，你是想做一個總理呢，還是副總理？」

新娘說：「這個眞的有點不敢當，親愛的，我想我還是勝任一些小工作好了。」

新郎說：「那你要什麼角色呢？」

新娘說：「我想最好是財政部長。」

女人在家裡一般都是統治者，即便她並沒有眞的統治這個家庭，但是在外邊上看起來，她就是這個家庭的統治者，聰明到丈夫都知道如何運用夫妻之間的幽默，來滿足自己妻子的統治欲望。

在家庭生活中，夫妻之間理應無話不說，如果兩人相互之間說話非常客氣、一本正經，那麼兩人的感情就會越來越冷淡，終究有一天會崩潰，所以在夫妻之間一定要積極尋找一些共同的話題，然後在這些話題中，藉助幽默讓生活更加的有趣味，我們來看一對夫妻的對話：

丈夫對亂花錢的妻子說：「你終究不懂得錢的事情，你總是認爲自己買的東西，都是打對折買來的。」

妻子回答說：「所以我才最終選擇了你，嫁給你，顯然你的聰明才智打了對折了。」

有一位妻子不小心把飯燒焦了，於是丈夫對她說：「人家的一口鍋和一些米，只能煮出一種飯來，你倒是厲害，能煮出三種來，上邊硬的、中間是爛的、下邊還是焦的，還是你厲害。」

夫妻之間的幽默可以讓婚姻生活更加美滿、充滿魅力，對於化解夫妻之間的矛盾，有著很顯著的作用，是非常有效的家庭潤滑劑。

吉米下班回到家之後，看見妻子一個人正在埋頭收拾行裝，於是他就問：「你這是要去哪裡？」

「我實在待不下去了，」妻子對他喊道：「整天就和些鍋碗瓢盆打交道，我實在受夠了，我要離開，離開這個家。」

吉米很茫然，他不知道到底發生了什麼，他看著拎著皮箱出門的妻子，忽然靈機一動，他也回頭拿起一個箱子，追上妻子說：「等一下，親愛的，我也受不了這種生活了，我也要離開這個家，我和你一起離開。」妻子莞爾一笑，打消了離家出走的念頭，兩人在公園裡坐了一會兒之後，就又回到了家裡，過著簡單的生活。

夫妻之間的幸福很多，但是難免會出現摩擦和無奈，這個時候就需要用幽默的處世原則，讓我們的家庭生活變得更加和諧。

6 把握幽默在家庭中的潤滑作用

在家庭生活中，妻子對待丈夫的態度和方式，對丈夫的工作、生活都有著直接的影響，甚至會影響到丈夫的信心和做人的態度。

很多企業家在不同場合說過：「我們在提升某個員工時，首先會去調查他的妻子。」當然他們調查的，肯定不是對方的妻子的長相或者會不會做菜，而是要調查對方的妻子，能不能給予他快樂和信心。

曾經有一個企業的老闆說：「妻子需要接受丈夫的一切，這樣才能夠讓丈夫在家庭生活中得到愉悅，並且擁有滿足感。在家庭中要不斷給自己的丈夫裝上自信的彈丸，這樣丈夫才能夠坦然面對社會生活和工作，並且他會堅定自己『一定可以做到』的信念，他會以百分百的信心，去面對所有複雜的工作。」一個妻子如果能夠寬容自己的丈夫，如果懂得對自己丈夫關愛，丈夫的事業會順利很多。如果妻子只知道整天抱怨和嘮叨，丈夫也就沒有工作的鬥志和雄心了。隨著丈夫的自尊心和自信心不斷降低，他的工作態度自然也會變得冷淡，夫妻之間的感情自然也會瀕臨危機。既然如此，妻子該如何對待自己的丈夫呢？最好的辦法無疑是幽默。

某企業負責人事的人對新來的員工說：「這份表格寫得很不錯，只不過在寫和妻子關係的一欄裡，應該填『夫妻』，而不是『緊張』。」

接下來，我們來看一下幽默如何具體消除家庭緊張的關係。

有兩個年輕人在結婚很多年中，很少發生衝突。

有一天，妻子對丈夫說：「你爲什麼總是對我這麼好？」丈夫說：「在我們結婚之前，有一位牧師對我說過：『不要對你妻子的任何缺點和做錯的事進行批評，因爲她正是有這些缺點，正是因爲可能會做錯這些事情，他才沒有找到更加理想的丈夫。』於是我就牢記了他的這句話。」

其實牧師的意思是在告訴這位丈夫，如果想要做一個理想丈夫，就不要隨意去批評自己的妻子，要對他寵愛有加，這樣才足以證明自己是一個理想的丈夫。

有一個酒徒有一次喝醉酒，他這次忘記了帶鑰匙，於是只好敲門。

妻子聽到敲門聲之後，很生氣地說：「對不起，我的丈夫今天晚上不在家。」

「既然這樣，那我明天再來吧。」酒徒說。

丈夫利用自己的小幽默，自然會讓自己的生氣的妻子轉怒為喜，丈夫透過自己的幽默，讓妻子明白了對丈夫應該有的憐愛和尊重，這個時候他們就不會因為酒的事情而糾纏，而會去享受幽默所帶給兩個人的感情。當然這並不是說丈夫可以隨便在外酗酒，丈夫同樣要給予妻子足夠的尊重。用一些幽默的語言，婉轉、迂迴地回答問題，可以幫助丈夫解決難解的問題，可以化解很多尷尬場面。

妻子問丈夫說：「我們結婚之後，我們來猜測一下到底有多少男人失望了？」

丈夫則幽默地說：「大概只有我一個人吧。」

面對妻子的問題，有時候無法用直率的方法去回答，很有可能造成丈夫的為難，既然如此，不妨藉助幽默的方式來回答，效果會更好。

懷了孩子的妻子指著自己的肚子，向丈夫提出了一個很難回答的問題，她說：「不知道有沒有辦法在小孩子出生之後，就看到他之後會長成什麼樣子？」

丈夫想了一會，然後說：「當然可以，假如是一個女孩的話，他長大之後肯定是一個婦女；如果是一個男孩的話，長大之後自然就是一個男人了。」

在上面的故事中，丈夫就是有意將妻子的話從孩子未來的發展，轉換到了男女性別方面，很難的問題經過丈夫的幽默解決，反而成了最爲簡單的問題，讓整個場面也輕鬆很多。

當然，幽默效果的產生，不僅要看某人的口才，同時還要看這個幽默是否和當時的環境相符合，也要看有沒有幽默產生的必要條件，夫妻兩人的肚量，自然也是一個很有必要的考察內容。只有滿足了這些，才會有一個很好的效果。

有夫妻兩人大吵了一架，然後準備離婚，在去法院的路上，他們要經過一條大河。到了河邊，丈夫脫掉了自己的鞋子，捲起了自己的褲腿，然後很快就走到了河中央。妻子站在岸邊遲遲沒有行動，她看著冰冷的河水，發愁如何才能夠過去。丈夫回頭看到妻子的狀態之後就說：「還是我背你過去吧。」就這樣丈夫背著妻子過了河，他們走了不遠之後，妻子又說：「算了，咱們還是回去吧。」

丈夫很驚奇地說：「爲什麼啊？都走了一半了。」

妻子有點不好意思地說：「離婚之後，以後誰背我過河呢？」

一般家庭中，妻子承擔著大部分的家務勞動，這些是妻子該做的，但是丈夫也是家庭中的一部分，他也有義務負責這些工作。有些家庭中的丈夫因爲受傳統觀念的影響，在家中什麼都不做，於是一些妻子就會藉助自己的聰明才智和幽默，讓丈夫毫無怨言地擔負起家庭勞動。

妻子說：「親愛的，昨天你換下來的衣服，是不是該洗了？」

丈夫說：「不，我現在還沒有睡醒呢。」

妻子說：「我只不過考驗一下你夠不夠勤快，其實我早就洗好了。」

丈夫說：「我也只是開玩笑，其實我非常願意幫你洗衣服。」

妻子說：「哈哈哈，我剛才也是給你開玩笑，其實我還沒有洗，既然你願意，那你現在來洗吧。」

在這種情況下，丈夫不得不佩服妻子的聰明，也就心甘情願的去洗衣服了。

在這件事情中，不管最終是丈夫還是妻子洗了衣服，已經不重要了，關鍵是他們在這個過程中，體會到了家庭生活的快樂，相信這位丈夫以後會更加主動的幫助妻子做家務，家務在他們中間已經不是一種煩惱，而是製造歡樂的源泉。

我們身邊的很多人認爲：「家就是一個吃飯和睡覺的地方，其實，它和旅館差不多。」這句話其實一點都不正確，因爲旅館中沒有家庭的幽默。

斯蒂芬的妻子是一個特別喜歡嘮叨的人，斯蒂芬有一天終於忍受不住她的嘮叨了，於是決定到旅館裡面住幾天，旅館的老闆很熱情，親自把他引到了一個房間前面，然後說：「先生住在這裡就和在自己家一樣。」

「天哪，那你還是給我換一個房間吧，我就是爲了躲避我太太的嘮叨才來旅館的，你居然說和家裡一樣。」斯蒂芬笑著說。

雖然斯蒂芬這樣說，其實從側面也看出，太太的嘮叨其實對他也很重要，相信在一個所謂的「清淨」的環境裡住上幾天，他準會受不了的。

在家庭中，運用幽默的語言，運用幽默的態度，相信你的家庭會歡樂很多，這種方式可以讓我們遠離任何形式的爭吵，冷戰的局面在這樣的家庭中將不復存在。幽默就像是家庭的潤滑劑一樣，能夠讓你的家庭更加的美滿，能夠讓家庭充滿活力，讓整個生活變得豐富多彩，自然也會讓家庭的所有成員，都擁有源源不斷的力量來面對工作。

7 家庭教育同樣離不開幽默

子女是家庭生活中的重要組成部分，佔據著重要的位置。有了子女的家庭，才是一個完整的家庭，但是子女在很多方面，未必能夠理解父母的難處，當然，父母也很難瞭解他們的內心世界，所以兩輩人之間很容易產生代溝，這些代溝讓很多家庭頭疼。

面對這樣的現實，我們不妨用幽默的方式，來塡補兩代人之間的代溝，減少兩代人之間的差異。

有一位男子感慨地說：「我和我的兒子很難溝通，現在他才十幾歲，和我的話越來越少了，他唯一主動向我說的話就是：『爸，我現在沒有錢了。』或者『給我錢，我今天要去買xxx。』」

「孩子，爸爸像你這個年紀的時候，還光著腳去上學呢？」有一個爸爸對自己的女兒說，女兒則很不以為然地說：「你那個時候是什麼年代，我們現在是什麼年代。」

有一位母親說：「我的兒子基本上就和我不說話，我也無法進入到他的生活中，我們就像是毫不相干的兩個人。」

也有父親說：「在孩子的學習問題上，我可是沒少花錢，他要什麼我就會給什麼，但是他的成績絲毫就是沒有起色，一直是倒數第幾名。」

有一個兒子在寄讀學校裡讀書，他有一次給自己的父親寫信，上面只有幾個字：「無錢，無趣。兒子。」

他的父親是個很幽默的人，爲了能夠和自己的兒子有共同的話題，於是他回信是這樣寫的：「多少？振作！父親。」

我們透過上面的這些話語和小事例，就能夠看出來兩代人之間溝通的不易，這個時候就需要用幽默的力量，來改變這種狀態，其實，在孩子的身上也是可以看到童心的一面，他們其實也懂得幽默，只不過是不同的家庭原因，導致兩代人的溝通變難。

中國傳統的家庭教育是嚴肅多於寬容的，就像我們的俗話說得一樣，「三天不打，上房揭瓦」、「棍棒底下出孝子」等等。在這種家庭教育思想的影響下，家長和孩子自始至終都是處於對立面的，其實，他們都不知道，最好的教育方式是充滿幽默感的，我們來看一個小故事。

在孩子上小學的時候，李強夫妻就爲誰是家長的問題爭論不休，他們兩人相互都不甘心和服氣。最後他們想出了一個很有意思的辦法，那就是透過競選，被選中的人就是家長。

妻子當時就想，李強一直在外地，孩子從小都是她帶大的，她和兒子的感情更加深厚一些，所以孩子肯定會選擇她的。

沒有任何的競選宣言，李強夫妻展開了家長選舉的投票環節。

第一次投票的時候，三個人都選了自己，當時兒子表現得很興奮，他認爲自己也可以做自己的家長，所以選了自己。妻子卻很生氣，因爲她認爲兒子應該選擇她，於是她對兒子說：「兒子，你應該選我的，你想我對你多好。」

沒有想到，幽默的李強給兒子說：「你要知道你是不可能做家長的，因爲除了你自己沒有人選你，你如果選我的話，那我就任命你爲副家長。」

第二次的投票，大家都應該猜到結果了，李強以兩票的優勢奪得了家長的地位，而他也立刻任命兒子做了副家長，妻子則成爲了唯一的成員。

李強對兒子說：「以後，我在家的時候你就聽我的，而我不在的時候，你就聽媽媽的。」

於是，小傢伙的副家長成了一個虛名。因爲李強在家裡老是擺出一副家長的臭架子，所以其他兩人都想重新選舉，但是家長一直不同意這個提案，所以重新選舉就遙遙無期了。

在李強的家裡，就充滿著幽默，他們打破了傳統的家庭模式和家庭教育模式，讓幽默主導了全家人的心情。

不斷培養孩子的幽默感，讓他敢於自嘲，並且懂得用微笑的方式去面對人生，這其實也是他們心理成熟的一種表現。

趙家明的兒子今年只有八歲，但是因爲迷戀於武俠電視劇，所以整天就知道打打殺殺的，趙家明對此很是擔心。有一天，這個孩子又在玩具店裡，看中了一支新式的玩具槍，於是就纏著趙家明要買，趙家明想到家中的武器玩具都堆成山了，於是他就說：「兒子，你的軍費開支實在太大了，現在是和平年代，咱們就裁減些軍費吧。」兒子聽後，也笑了起來，之後很長時間都沒有再纏著趙家明給他買武器玩具。

家庭生活中的幽默故事很多，這些幽默透過發揮自己的力量，不斷改變著家庭的整個氣氛。

Chapter

第七章

幽默@演講，讓掌聲與笑聲共鳴

講演是一種在正式場合，對眾人所做的帶有鼓動性、說服性和抒情性的講話。雖然演講是一個正式的活動，但是不能端著架子、板著面孔演講，這樣的話，你的演講就會變成枯燥無味的陳述了。所以，在自己的演講中製造幽默的氣氛很重要。

1 演講中的幽默可以事半功倍

史達林是一個善於演講的人，他在《在莫斯科市史達林選區選舉前的選民大會上的演講》中有這樣一段話：

同志們，你們當然知道，每家都有醜兒（笑聲，鼓掌）……果戈理說過：「這種不三不四的人，讓你弄不明白他到底是怎樣的人，有點像人，又有些鬼。」（歡躍，鼓掌）……我無法準確說出來，在代表候選人和我們的活動家中間，並不會有那種政治庸人，也不會有那種在性格和面貌上，很像民間所說的「既不像供神的蠟燭，也不像餵鬼的饅頭」的人（歡躍，鼓掌）。

聽到這樣的演講，我們不僅爲演講者善於利用民間故事和詼諧語氣，製造幽默效果而拍案叫絕。那些優秀的演說家，都能夠在自己的演講中，穿插一些典故和民間故事，從而增加一定的幽默效果，來提高演講的生動性和趣味性。

透過這樣的演講，觀眾可以很好的瞭解演講者，演講者本人也可以將自己的觀點詮釋清楚。演講者和聽眾之間，可以建立更爲高度的默契，相互之間的心領神會，促進這場演講的成功。在這樣的演講中，可能不會有大聲的宣誓、可能不會有義正言辭，但是它同樣可以給我們傳遞教育意義，能夠引起聽眾的重視。

高明的演講中總不會缺少幽默，如果能夠在演講中，讓聽眾會心的發出幾聲笑來，那麼這次的演講就會很容易成功。史達林那段不足三百字的演講，居然引來了三次笑聲和掌聲，足見其功力。

在幽默中夾雜著眞理，這樣的方式往往容易讓人們接受，能夠讓對方會心一笑，你的觀點就會比較容易讓對方接受。

在演講或者做報告的時候，懂得運用那些典故和民間故事，懂得把生活中的佳詞妙語用在演講中，就會在哲理中閃現幽默的光輝，可以幫助演講者調節節奏，從而緩解聽眾的疲勞，並且有利於深化主題，讓整個氣氛更加輕鬆。

2 重視你演講的開場白

一場演講最爲重要的，自然是它的開頭部分，因爲這部分是奠定主要基調的，如果一個演講者一上臺就很嚴肅，那麼後面的演講就很難活躍起來。演講者和聽眾之間的疏遠，也在這個時候形成，後面就很難拉近了。

所以，一場演講剛開始的時候需要一點幽默，它可以讓演講者和聽眾，都處於一種輕鬆的狀態中，從而拉近雙方的距離。

在演講進入正題之前，其實有很大的空間可以加以利用，從而讓彼此更加貼近。

美國的一位黑人領袖約翰·馬克，有一次要面對白人聽眾作演講。約翰·馬克走上演講台後說：「女士們先生們，我與其說是來演講，不如說是爲這個場合增加一些『色彩』……」

這就是一個最簡單的自嘲式的開場白，約翰·馬克的意思是他的膚色給大家增加了顏色，惹得聽眾發出笑聲，在這種笑聲中，種族之間的差異性被淡化了，讓原本非常沉重的話題變得輕鬆，自然演講者可以獲得更多的支持。

我們再來看兩個例子來說明這種方法，以及開場白幽默的重要性。

曾經有兩個芝加哥人在做演講，第一位報出自己的名字之後就說：「不知道在場的人裡邊，有沒有我小時候的朋友，因為我有一個很不光彩的綽號，但願他們都不在場。」

第二位上場之後是這樣的，他本身就是一個身材魁梧的傢伙，五官也非常大，他說：「女士們先生們，你們應該看出我是一個什麼樣的人了吧，我的耳朵大的像貝多芬，可是長大之後，我就為我的這對耳朵而害羞了，好在是我現在已經習慣了，因為這對我站在這兒演講沒有任何的妨礙。」

很明顯的，兩位演講者的開場白，要比單調的自我介紹強多了，兩位演講者的開場白都在自嘲，也同時達到了良好的效果，這就是一個開場白的魅力，相信他們之後的演講會很成功。

3 讓你的幽默做到「緊扣人心」

無論是演講還是普通的交談，只有抓住了對方的心，才可以很好的將你的幽默傳遞下去；當然，只要有了幽默感，就能夠抓住對方的心，兩者是相輔相成、互相提攜的。從這一點上，就需要注意「緊扣人心」的幽默技巧了。

在「緊扣人心」這種幽默方法的使用中，一定要注意幽默的題材要和演講的內容，有著一定必然的聯繫，如果單純爲了抓住聽眾的注意力，而插入一些沒有任何意義的幽默，那麼聽眾的注意力會因爲你的幽默結束而隨之移開。

我們來看一個事例，如果你和別人進行著一般的溝通，可以藉助這個事例，從而強化你要表達的資訊。

杜維半夜給了自己認識的醫生打了一個電話，他說：「請您趕快過來一趟好嗎，我的太太生病很嚴重，我估計他是得了闌尾炎。」

「杜維，你是不是嚇昏了頭，大概是在八年前，我就爲你的太太割除了闌尾，你聽說人有兩個盲腸的嗎？」

「沒有，」杜維說：「但是你難道就沒有聽說，一個人可以有兩個太太的嗎？」

在這個笑話裡，杜維就是藉助了幽默的力量，說出了他的著急。

我們再來看一些能夠抓住人心的幽默的方式，從而藉助這種幽默的方式，傳遞你所要表達的資訊。

有一位政客在大選之後給自己的妻子說：「你要恭喜我了，因爲我當選爲議員了。」

「你不是在騙人吧？」

「親愛的，現在我已經不需要騙人了。」

再來看一個故事。

有三個年輕人費了九牛二虎之力，終於從水中救了一個政客的命，政客很感激他們，於是答應可以幫助他們做些事情來報答救命之恩。

第一個年輕人說：「我希望能夠進入西點軍校，只可惜我的成績一般。」

政客說：「一點問題都沒有。」

第二個年輕人說：「我申請哈佛大學，結果被拒絕了。」

政客又說：「我的孩子，你一點都不用擔心。」

第三個年輕人說：「我希望到國家公墓去。」

政客很不解，他說：「去公墓，爲什麼？」

第三個年輕人說：「如果我的父親知道我救了你，他會殺了我的。」

在我們演講或者日常的交談中，如果能夠用到「緊扣人心」的方法，這樣就可以很快和你的談話對象拉近關係，從而更好傳遞你所要傳達的資訊。

4 面對意外事件不能慌張

古今中外，在講壇上留下過很多能言巧辯的佳話。

每次演講，不一定都能按照我們既定的計畫去發展，很有可能會有意外發生，比如說聽眾很少、比如說有人故意搗蛋、比如有人問一些刁鑽的問題、比如有人反對演講者的觀點等等。遇到這種情況，如果演講者用粗暴的方式對待，那麼就連支持他的人，都會站在他的對立面上，優秀的演講者往往藉助幽默的力量，化解這種意外情況的發生。

在莫斯科的一次演講中，詩人馬雅可夫斯基在這次活動中遭受了一次挑戰。

對方說：「您的詩歌實在是太駭人聽聞了，我認爲您的這些詩歌都是短命的，甚至明天就會完蛋，我估計連您都不會記得這些詩歌了，您是無法成爲不朽的詩人的。」

馬雅可夫斯基說：「那就請你在一千年以後再來，我們再來探討這個問題吧。」

對方說：「您說，有時應當把那些沾滿『塵土』的傳統和習慣，從自己身上洗掉，您每天都在洗臉，看起來您也是骯髒的？」

馬雅可夫斯基說：「您不洗臉，您就認爲自己是乾淨的嗎？」

對方說：「您的詩歌永遠比不上普希金。」

馬雅可夫斯基說：「我熱愛普希金，我是在對普希金的熱愛之中，創新出一條新路來的，而不是抄襲和模仿。」

馬雅可夫斯基這段和聽眾的對話，從整體上先聲奪人，而且不失睿智與幽默，後來他在演講中取得了巨大的成功，聽眾們更是為他的演講，爆出了熱烈的掌聲。

在演講中，如果遇到了不同的意見，不能漠然視之，如果處理不好的話，後面的演講就很難進行下去，甚至很難說服聽眾。

在面對演講者故意搗亂、甚至惡意的攻擊的時候，演講者一定要冷靜下來，如果演講者也跟著勃然大怒、然後大罵的話，這樣會損壞自己的形象，從而使搗亂者的陰謀得逞。

英國首相威爾遜在一次演講中，遭到了一些人的激烈抗議，其中一個抗議者大罵道：「垃圾。」威爾遜卻很鎮定地說：「先生，您所關心的問題，我在後面會談論到。」

威爾遜巧妙地將對方的謾罵，理解成一個需要解決的問題，從而為自己解了圍，並且讓聽眾的情緒穩定了下來。

現在的社會，幾乎所有的人都有機會上臺演講，不論是座談會、宴會，不管是在學校、公共場合，還是一些社交的場合，都需要講幾句話，也許你不是一個善於演講的人，也許你不喜歡演講，但是，你一定要注意你必須學會演講，而且要學會演講中的幽默。

在你的事業取得成功之後，想要擺脫別人的演講邀請，就會變得很難，只有在演講中用足了幽默的力量，才可以緩和氣氛，也可以調節自己緊張的情緒，我們不單單要注意演講過程中的開頭和結尾，還需要注意一些突發事件，往往這些事件可以左右整個演講的效果。當然這是一個很艱難的過程，我們需要不斷吸取前人的經驗，不斷學習和借鑑。

其實，在演講之前，你可以和你的聽眾進行接觸或者增進瞭解，他們一些簡短的介紹，可以讓你把握住他們的興趣和觀點，這樣的話，你就可以收集一些相關的笑話，從而緩和氣氛，這樣突發事件就會少很多。

美國賓夕法尼亞州的演說家喬治．貝列，就有屬於自己的一套演講的策略，其中很重要的一點，也很獨特的一點，那就是和聽眾打成一片，從而避免一些尷尬場面和意外事件的發生。

有一回他受邀去給一些保險公司的經理演講，他瞭解到這些經理在前一天晚上的舞會中玩到很晚，凌晨的時候才回到酒店，因爲酒店裡沒有熱水洗澡和沒有飲料喝，他們都有些煩躁。到第二天開始演講的時候，他們已經很焦躁了。喬治．貝列知道了這些情況後，把握好時機說了這樣一句話，他說：「我還是第一次看見保險公司，在晚上還舉辦那麼有趣的晚會，但我更沒有想到的是，那樣的晚會，居然沒有讓各位經理快樂起來。」這句簡單的話，很快打消了大家悶悶不樂的情緒，他們的臉上都出現了笑容，場面也熱烈了很多。

喬治．貝列還有一個辦法去面對演講，那就是在開始演講之前，找幾個聽眾談幾句，當他開始演講的時候，就會說出那幾個人的名字，而且還會和他們互動，這樣很容易增進雙方之間的溝通，從而爲演講的成功奠定了基礎。

5 幽默可以換來輕鬆的講話氣氛

講演是一種在正式場合，對眾人所做的帶有鼓動性、說服性和抒情性的講話。雖然演講是一個正式的活動，但是不能端著架子、板著面孔演講，這樣你的演講就會變成枯燥無味的陳述了，所以在演講中製造幽默的氣氛很重要。

一般情況下，一個演講者遭遇到的第一個難題就是，當主持人向聽眾介紹你的時候，你如何反應，你是簡單的給聽眾點點頭了事，還是適當幽默一下，從而給聽眾留下深刻的印象呢？

在接下來介紹自己的時候，一些巧妙的方法也很重要。自我介紹首先需要介紹自己的名字，如果你的名字比較奇特，那麼這就是你邁向成功的開始，你可以藉此幽默一下。

曾經有一位老師叫陳九，他在一次演講的時候，向學生介紹自己，說：「我是一罈在地窖裡藏了將近有四十年的陳年老酒。」他的這番介紹，立刻引來了同學們的哈哈大笑。

再接下來的介紹詞也很重要，你一定要在事先準備好一份，然後交給主持人，以防對方在介紹你的時候過分拔高，從而讓你自己的演講無法進行下去；另外，在名字方面，一定要讓主持人有個最初步的介紹，如果你的姓名容易出錯的話，那就需要自己透過幽默的方式來介紹自己了。

著名演講家德克，就能夠藉助一些特殊的方法來避免這種尷尬。

下面是他和主持人之間的一段對話：

「怎麼稱呼你，先生？」

「可以叫我德克。」

「哦，那您是德克薩斯州人了。」

「不，我家在華盛頓。」

「那您的名字爲什麼是德克呢？」

「我想叫德克應該比叫華盛頓更方便一些。」

其實，這就是一種介紹自己名字的好方法，但是要注意你的言辭一定要有可行性，而且要簡短，要不然很難讓主持人或者聽眾明白。如果你能注意到這些細節問題，主持人或者聽眾就會很容易和你建立起融洽的關係。

有人在自己的介紹詞中是這樣寫的：「女士們先生們，我的家庭讓我感覺到驕傲，我是一對已婚夫婦的後代。」這個人的自我介紹，雖然沒有提高自己的語言成分，但是無形中提高了自己，而且達到了幽默的效果。

有一位演講者面對主持人介紹失誤之後，面帶笑容地說：「我很希望說這是最好的一次介紹，但是事實上不是。你們知道我最滿意的一次介紹是什麼時候嗎，是一次面對千萬人的會場，但是介紹我的時候，用到了一個『最偉大』的，我很開心，因爲那次是我自己介紹的。」

在做自我介紹的時候，不要落入俗套中，如果用一些諸如「我有幸今天來給大家作報告，在座的都是我的老師，我今天主要來是學習的，還請大家多多指教。」這樣的介紹方式，肯定是不會打動聽眾的，雖然很謙虛，但是太落俗套了，是沒有人喜歡的。

美國幽默大師馬克·吐溫，爲了歡迎英國作家與牧師查理士·金斯利先生而做的演講——《介紹查理士·金斯利》，總共只有六百多個字，竟然引起了七次掌聲和笑聲，不得不說這是演講範例中的傑作。

「各位女士先生們：我現在要給你們介紹的，是今天晚上的主角查理士·金斯利先生，我想我有必要給大家提醒一下，當我寫我的那本《老實人出國旅遊記》」（鼓掌）時，我就想過，這本書肯定會讓我和牧師教會的關係密切起來，但是我可以給大家保證，自從那書出版到現在，我可是第一次給一個牧師做擔保（鼓掌），並且還要做一個不偏不倚的介紹（鼓掌）。不過我現在要介紹的，卻是一個不需要介紹的牧師（鼓掌），雖然沒有人讓我來做這個擔保，但我還是忍不住做了（鼓掌），因爲我認爲這是一個高雅的事情，但是我並沒有在這裡讚美這位牧師，因爲你們都看過我的書，你們比我更瞭解他的高才和道德，所以我省略了其他的話，只是簡單告訴大家，我們歡迎他來到我們的國家……」

優秀的演講者都懂的如何藉助幽默的方式，來緊緊抓住聽眾的注意力，讓聽眾在笑聲中可以和他產生共鳴，從而將自己的觀點傳遞給對方。

著名笑星鮑伯·霍伯曾經說過：「題材有出色和一般之分，但是我們可以透過控制時間，從而使一般的笑話發揮出強大的力量來。」

爲了能夠抓住你的聽眾的心，你需要插入一些笑話，但是插入的這些笑話，一定要毫無做作之感，一定要和主題接近，在講的過程中也一定要流利，要態度自然。

德克薩斯州有這樣一個人，他一心想做一家俱樂部的主席，有一次，他給這個俱樂部的成員們講話，表現得有點過了，在不到兩個小時的演講中，他居然講了六百二十一個笑話，並且還配備著一些好笑的表情和動作。

這次演講中，聽眾們都被逗得哈哈大笑，每次他講完笑話的時候，聽眾就會大喊：「再來一個。」

就這樣，他的六百二十一個笑話就這樣講了出來。

但是這位仁兄在最後的選舉中，並沒有謀得俱樂部主席的位置，而且票數居然只位列倒數第二。

當他離開會場的時候，給人們說：「難道我很差嗎？」

「不，你很厲害。」有人說：「但是我們認爲你更適合做個喜劇演員。」

在演講中，幽默可以幫助我們達成目的，但是一定要注意尺度，要不然你的幽默在演講的過程中，雖然取得了一些效果，但結束了演講，你就什麼都不是了。

6 讓幽默在聽眾中引起迴響

一篇演講詞要想達到打動觀眾、又能夠激勵觀眾的效果，除了要以情動人之外，還需要對整個演講內容，進行合理策劃和精心佈局，同時善於穿插笑料。如果演講者總是板著面孔，企圖透過這種行爲，來展示自己的演講的深刻，那麼很有可能會陷入空泛說教、老生常談的形式之中。

我們來看一下魯迅先生曾經做過的、一篇名爲《娜拉走後怎樣》的演講。這是魯迅先生於一九二三年十二月二十六日，在北京女子高等師範學校任教期間，爲學生們做的演講。演講的主要內容，是解放婦女、男女平等的嚴肅話題。主要是要闡述娜拉出走，不是婦女解放的根本出路，婦女要實現解放、實現男女平等，首先要取得平等的經濟權，並且要進行艱苦的經濟制度的革命這樣一個深刻的主題。

但是聰明的魯迅先生，沒有讓聽眾繃緊神經來聽這次演講，而是藉助戲劇，談到有些人認爲娜拉最後進了妓院、最後無路可走的觀點。在這裡魯迅先生就善於調節演講的氣氛，從易卜生的戲劇《娜拉》中引出自己的觀點。這場演講在當時取得了巨大的成功，聽眾的迴響非常好。

一場好的演講，一定要懂得用幽默的方式來影響你的聽眾，做到幽默得當、幽默適度，這樣，整個演講就會變得有趣又充滿意義，最終你的演講會被推向高潮。

7 幽默的演講來自於積累

很多時候，聽眾不是來認眞聽演講的，而是來湊熱鬧的，既然這樣，我們在做自我介紹的時候，就不一定要非常認眞、中規中矩了，我們藉助一些有趣的開頭抓住聽眾的心，要不然之後就很難引起他們的注意了。

很多人當面對台下亂哄哄的聽眾，會習慣性地大拍桌子，然後對著麥克風不斷「喂喂」，這種做法可能會短暫引起聽眾的注意，但這實在不是一個很好的辦法，等到聽眾看到你的行爲之後，他們就會繼續做自己的事情，所以我們在這種場合，要懂得用幽默的方式來引起聽眾的注意。

曾任哥倫比亞大學校長的艾森豪，有一次在演講的時候，遇到了一些尷尬的場面。當時的聽眾沒有按照他的計畫作出反應，於是他適當改變計畫，他說：「每一篇演講稿不論是什麼形式的，都會有標點符號，今天，我就是一個句號。」說完，聽眾們沒有想到，他居然走了下來，結束了自己的演講，聽眾中立刻爆發了雷鳴般的掌聲，艾森豪也一直以此爲豪，認爲這是他最成功的演講之一。

演講需要掌握好節奏，巧妙地將自己的觀點貫穿始終，並且適當插入笑話和幽默的語句，這樣的話，不僅不會讓聽眾疲乏和困倦，還能夠將自己的觀點完整地傳遞給聽眾。

一九三五年，高爾基參加了前蘇聯作協的一次會議，代表們希望他能夠講話，當他上臺的時候，大家給予了他長時間的掌聲，高爾基於是借題發揮說：「如果把花在鼓掌上的時間都算上的話，那就要浪費大家很多時間了。」他的話立刻讓氣氛輕鬆了很多。高爾基不愧是優秀的作家和演說家，他的借題發揮的方法，很快讓大家更加喜歡他了。

如果在演講的過程中，別人對你的笑話一點都不感冒，沒有任何的反應，這個時候聰明的演講者都可以巧妙掩飾，不讓聽眾看到破綻，一般情況下，一場演講中不會有人出來大唱反調的，但是也有特殊情況出現，我們需要注意了，只有藉助自己的聰明才智，才能夠化被動為主動。

一八六〇年六月，牛津大學的講壇上，自稱為達爾文的「鬥犬」的赫胥黎，為了捍衛進化論，和大主教威爾伯福斯展開了一番舌戰。

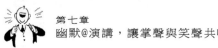

威爾伯福斯首先發難，他說：「你究竟是透過你的祖父還是你的祖母，由一隻猿猴變過來的？」

面對這樣挑釁的話，赫胥黎並沒有生氣，他很鎮定地說：「人類沒有理由因為你的祖先是一隻猴子，而感到有任何的羞恥感，只有與眞理相悖才是最大的羞恥，那些整日遊手好閒、靠著腦袋上的一道祖先的牌頭的人，才是最可恥的。」

這是一場有關於眞理和謬論的大戰，這場著名的牛津大辯論，在後來因為演講者富有哲理性的語言、銳利的思維方式以及幽默的諷刺，征服了所有的聽眾，當時的大主教只能瞪著眼睛，無言以對，那些準備反對赫胥黎的教徒們，放棄了自己的反對意見，反而成爲了一個個支持者，當時進化論的反對者天主教徒布留斯特夫人，竟然當眾暈了過去，從此之後，進化論的思想開始在全世界傳播。

從古至今，幾乎所有的演講者都有著幽默的品質，從表面上看，這些幽默都是來自一時的靈感，但其實這些都是他們平常的不斷積累和鍛煉得來的，沒有人能隨隨便便地成功。

英國首相在一次演講的時候，遇到了一個年輕人的祝賀，他說：「剛才您的講話，眞的是一場絕妙的即興演講。」於是首相回答說：「可不能這樣說，年輕人，這場演講我至少準備了二十年。」

從這個故事我們看到，好的演講都是透過長期的準備的，要想在關鍵的時刻有所爆發，只有不斷努力。

如果在運用幽默的語言的時候，還能夠輔助以幽默的運作，那就會更好了。有些人認爲幽默的方式，最好的是引起聽覺上的衝擊，其實不然，視覺上的衝擊感，要遠遠優於聽覺上的。幽默的過程中，如果能夠配備一些動作和表情，相信你會事半功倍，能夠讓聽眾有更強烈的享受感，讓聽眾回味無窮。

有一次，林肯作爲被告律師出庭，爲被告進行辯護，原告律師將一個簡單的論據，足足講了兩個小時，聽眾包括法官都有點不耐煩了，好不容易輪到了林肯，這個時候林肯脫下外套，然後拿起玻璃杯喝了一口水，重新穿上外衣，然後又喝水，就這樣把這幾個動作重複了很多遍，聽眾們都被他的這一系列舉動，逗得哈哈大笑，終於他開始了自己的講話。林肯的這一系列動作，無疑是對原告律師重複講話的一種諷刺。

8 演講的結局需要精緻

一場好的演講是一個整體，如果你的開頭很好的話，那還需要你補充一個優秀的結尾，這樣整個演講將會影響到你的聽眾，當然，一個優秀的結尾，是要比開頭的引人入勝把握難的多。

一場演講最爲重要的，應該是最後的時刻，因爲這個時候你的話停止了，聽眾會回想你前面講過的內容。剛開始演講的人，在做最後的結語的時候，就容易陷入平淡的局面中。

哈佛大學演講大師喬治．威廉說過：「當你對觀眾說再見的時候，你的臉上一定要掛著笑容。」笑容能夠帶來成功，當你的整個演講簡短、有力、切題，等到結尾的時候，能夠補充一個迷人的結局，讓整個場面變得生動有趣，聽眾就會有一種意猶未盡的感覺。

我國著名的作家老舍先生，也是一個非常幽默的人，他在一次演講中，開頭就說：「我今天演講的內容，主要分爲六個部分。」接著，他就開始了自己的演講，從第一、第二、第三、第四，一直到第五，他都按部就班、井井有條地講了下去，等到第六條的時候，他發現很多聽眾已經面露想離開的表情，於是他說：「第六，散會。」聽眾剛開始一愣，緊接著爆發了熱烈的掌聲。

老舍先生用到的就是「平地起波瀾」的方法，他打破了常規的演講內容，這樣做反而是得到了出其不意的良好效果。

在眾多的演講結束語中，幽默的方式結尾是一個不錯的選擇，一個演講者如果在結尾的時候，能夠引來對方的笑聲和掌聲，不僅是自己成熟技巧的表現，而且給聽眾們能夠留下一段美好的記憶，也是這場演講成功的標誌。

精彩的結尾可以讓整個演講得到昇華，巧妙地利用幽默，足以給人們留下深刻的印象。但是並不是所有的演講結尾都很優秀，也有些很糟糕，最常見的就是那種，「下面我來總結一下……」這種演講雖然取得了合理結束，但是並不能達到引起聽眾興趣的效果，聽眾聽後也會很快就忘記，甚至會有人認爲這樣的演講拖遝，很沒有意思。

在面對那種宴會或者聯誼性的餐會的演講的時候，一定要注意，這種演講一般都被安排在大會結束的時候，所以一個充滿戲劇性的、具有幽默效果的結束語，可以適時消除眾人與會的疲勞，可以緩和大家的精神。

在這種場合做演講的時候，不妨用一些有趣的故事來總結，或者幾句俏皮話、幾句祝願語就可以達到效果，不需要太多的語言，你的聽眾就會帶著笑容離開。

Chapter

第八章

幽默@囧境，囧海無涯，幽默作舟

遭遇尷尬的場合，說話就需要隨機應變，一般需要從三個方面注意：第一要彌補自己語言的失誤；第二要應付沒有想到的情況，從而維護自己的尊嚴；第三就需要堅持自己的觀點。掌握了這些隨機應變的方法，你的語言自然就具有了幽默感，可以從容應對所有問題。

1 做錯的事情可以用幽默來消除

人與人交往中難免出現尷尬的場面，稍不留神說錯話或者做錯一件小事，都是很有可能的，如果你因爲這些小事變得緊張、侷促，你的行爲同樣會影響到別人，你在別人心目中的地位就會驟然降低。此時就需要你用更客觀的態度，去對待自己的過失，靜下心來用一個小幽默，就可以化解自己的過失。

在一個婚禮上，新郎和新娘正在接受來賓的祝賀，可這個時候一個客人不小心，打碎了一個很精緻的茶杯，此時整個場面靜止了下來，戛然而止，大家都被這突如其來的場面震住了，碰掉杯子的客人自然是非常尷尬，新郎和新娘也不知道如何是好，這個時候另一個來賓突然故意又摔碎了一個茶杯，大家正在奇怪，他卻說：「兩個『碎』了，現在就是碎碎平安（歲歲平安）了。」他機智的行動和語言，立刻得到了大家的掌聲，整個婚禮又進入了歡樂的氣氛。

在社會交際中，不管是自己還是別人如果出現了意外，就需要懂得用靈活、恰當的語言來及時處理，這樣可以避免尷尬和失誤。

有一次，張小倩參加一個初中同學的聚會，他們一起回憶起了初中的美好生活，不料主人在招呼客人的時候，一不小心打翻了一個花瓶，花瓶中的水全部灑到了張小倩的腳上，她的新皮鞋濕透了，主人不知道該怎麼辦了，顯得很尷尬，張小倩卻不慌不忙地說：「正常情況下是進門就要脫鞋，看起來今天我現在才脫是有點晚了。」

張小倩的話逗樂了大家，難堪的氣氛被一掃而光。

一些名人同樣會藉助這種辦法去緩解緊張的氣氛，消除尷尬。

美國著名小說家馬克．吐溫要去一個小鎮裡旅遊，他出發之前，朋友們告訴他，那個地方蚊子很多。到了那裡，他正在旅館登記的時候，果然看到一隻蚊子在飛，服務員趕忙驅趕它。馬克．吐溫卻笑著對服務員說：「你們這裡的蚊子要比傳說中的聰明很多，它們竟然能夠預先知道我要來，然後準備飽餐一頓。」

幾個服務員聽了之後都哈哈大笑起來，結果這個晚上由於服務員的幫助，馬克．吐溫並沒有受到蚊子的打擾，睡得很香。

我們再來看一個這樣的例子。

上了年紀的蕭伯納，在街上被一個魯莽的騎車人撞倒，雖然沒有受傷，但是蕭伯納卻受到了驚嚇，那個騎著自行車的人，趕緊過來給蕭伯納道歉，蕭伯納笑著說：「不，先生你今天不夠幸運，如果你今天撞死了我，那麼你就成為了撞死蕭伯納的好漢，可以名垂千古了。」

蕭伯納的答話充滿了幽默的味道，同時也展現了他的胸懷，讓雙方都擺脫了尷尬的境地。

2 幽默可以緩和緊張的氣氛

不論是中國還是外國，歷史上的成功者都具有很高超的幽默技術。這種幽默的掌握，能夠在不同的環境中，製造出驚人的效果。

早期美國麻省議會開會時，有一個議員發表了很長的一段演講，另一位議員認爲他的演講，足以讓台下的觀眾厭惡和頭疼，於是就低聲通知他，希望他能夠把演說縮短一些，以免聽眾厭煩。誰知道發表演講的議員曲解了他的意思，認爲他是一種對自己無禮的攻擊，於是就用很嚴厲的口吻說：「我想請你滾出去。」然後繼續他冗長無味的演講。那位勸解的議員非常不開心，對於對方的不講理，他請求當時的美國總統柯立芝來處罰對方。柯立芝本人是個非常富有幽默感的人，他經常藉助自己的幽默，爲別人排憂解難，當他聽完這個議員的訴說之後，說：「是的，我也聽見他的這句話，但是後來我立刻翻開我的法律書籍，從頭至尾察看一遍，發現其中沒有這一條，所以你盡可不必聽從他的話滾出去！」

柯立芝的這番話，讓這位議員也哈哈大笑起來，眼看即將要發生的一場論戰，就這樣被輕易解決了。

人們處在尷尬的境地或者在生氣的時候，是很難幽默起來的，尤其是在公眾場合中，一般人都會保持自己的形象，不願意讓別人損壞自己的形象，一旦遇到對方的攻擊，就會變得緊張起來，然後做出一些令人尷尬的舉動。這個時候人們很難保持應該有的智慧了，更不要說是超出常人的幽默感了。所以我們在遇到這種情況的時候，一定要懂得冷靜下來，然後使出自己的幽默來。

著名評劇女演員新鳳霞，曾舉辦過一次「敬老」宴會，在這次的宴會中，她邀請了齊白石、老舍、梅蘭芳、歐陽予倩等文藝界的著名前輩。當時已經九十二歲高齡的齊白石老人，在他的看護的陪同下前來，齊老坐下來之後，於是拉著新鳳霞的手，目不轉睛地看著這個後起之輩，看護擔心這樣的行爲會讓對方難堪，於是他帶有責備地口吻對齊白石說：「你總是這樣看著人家做什麼？」齊白石說：「我這麼大年紀了，難道就不能看一看嗎？」老人說完之後，臉都氣紅了。這個時候新鳳霞巧妙地接過了齊白石老先生的話，她說：「您老看吧，我是演員，我不怕人看。」

新鳳霞的話，一下子讓齊白石先生開心了很多，剛才緊張的氣氛也被化解了，氣氛頓時活躍起來，在大家的提議下，當時新鳳霞就拜了齊白石做老師，齊白石老先生也是相當開心。

3 幽默可以縮短雙方的距離

聰明人的一些幽默的話語，往往可以活躍氣氛，能夠縮短人們之間的距離，無數事例都可以用來證明，風趣幽默可以很好地爲說話者和聽話者建立起融洽的關係，之後的溝通和交流也會方便很多。

有一天，乳產品廠的廠長室裡進來了一個人，他手裡拿著一瓶酸牛奶，然後很生氣地對廠長說：「這樣的酸牛奶，您認爲能喝嗎？我要求你們給我賠錢，你的售貨員還不答應，既然這樣，我只有找到你了，如果你不能解決，我想我會告到法院去。」

廠長拿著那瓶酸牛奶，然後認眞一看，才發現裡邊有一些玻璃的碎片，自己也吃了一驚。過了一會，他鎭定了下來，然後他對那位先生說：「請問，您已經喝過這瓶牛奶了嗎？要是您已經喝過了，我建議您先去一趟醫院，然後我們再去法院吧。」

廠長的這句幽默話，讓這位先生很意外，他反而有些不好意思，他的怒氣也因此而消除了大半，也可以平心靜氣地給對方提建議和意見了，一觸即發的戰鬥場面，就這樣被化解在無形之中，雙方的距離也縮短了不少。

《南亭筆記》中有這樣一則幽默故事：

彭玉麟曾經路過一條小巷道，一個女子正在用衣服竿晾衣服，竹竿不小心掉了下來，正好打中了彭玉麟的頭部。彭玉麟大怒，呵斥對方。那女子一看是鼎鼎大名的彭玉麟，於是就有些害怕，但是她急中生智，連忙說：「你這個人看起來準是個行伍出身的人，所以說話這樣的蠻橫無理，你可知道我們這裡有個彭玉麟，他為人清廉，假如我去告訴他老人家，我想他會砍掉你的腦袋的。」彭玉麟聽了這個女子的話之後，笑著離開了。

一個身份低下的女子，不小心失手打中了位高權重的彭玉麟老爺，就算是她不斷道歉，也難以解除對方的怨氣，於是她索性裝做不認識彭玉麟，然後用這種迂迴的讚揚方法，化解了當時的尷尬。

在日常生活中，經常會和別人發生一些小矛盾，這些小矛盾有時候是對方故意的挑釁，有時候也可能是對方無意的行為，總之，都不是什麼大事情，既然這樣，就沒有必要大動干戈，像面對敵人一樣去對付，這樣做未免有些小題大做了，只會浪費自己的時間和精力，但是如果置之不理，卻也會讓自己坐立不安。這個時候就可以藉助張冠李戴的方法，故意將對方的意思轉到別人的身上，在笑聲中化解矛盾衝突。

張冠李戴幽默術在運用的過程中，主要有兩種情況：

第一種情況，對方是在有意挑釁，對方的目的就是要讓你難堪。對付這種情況最好的辦法，就是把他給你的「冠」直接「戴」回他的頭上。由於他的預期和最後的現實有一定的區別，所以幽默就會從中而產生。

第二種情況，對方也是無意間冒犯了你，或者自己不小心觸犯了對方，使得對方責怪你。面對這樣的情況，就不能像上面那種一樣鋒芒畢露地反擊，應該小心翼翼地將「冠」「戴」到其他人的頭上，讓第三者承受這種「冠」，自然幽默也會從中而產生。

一輛公共汽車突然的一個剎車，由於慣性，一個男青年腳下不穩，直接撞到了一個姑娘的身上，姑娘生氣地說：「德性！」

男青年則不慌不忙地說：「不，這個是慣性。」

姑娘話的意思，是在責怪男青年的行為不妥當，有缺德的嫌疑，但是男青年卻巧妙地將這個現象，用物理中的「慣性」來解釋，從而避免了和姑娘發生爭吵，同時也巧妙地將責任推了出去，表明這個不是他的錯，實在是慣性的力量太大了。

總而言之，張冠李戴的這種方法，不僅可以駁回對方的惡意攻擊，還能夠消除雙方之間的誤會，至於如何利用這個方法，我們就要視情況而定了。

幽默家兼鋼琴家波奇，有一次在美國密西根州的福林特城演奏，當時他發現上座率還不到五成，於是他有點失望，自然臉上流露出了窘態，但是他並沒有因此而受限，他走下舞臺對觀眾說：「福林特城的人應該都很有錢，要不然為什麼你們每個人都會買兩三張票呢。」他的幽默立刻感染了全場，大家都為他的幽默而笑出聲來。

幽默家兼鋼琴家波奇面對失敗的時候，並沒有受限於失敗，而是巧妙地化解了這種令人困窘的處境。

一個星期日，狄更斯在河邊釣魚，但是很長時間了，他都沒有釣到一條魚，一個陌生人這個時候過來和他攀談。狄更斯說：「今天的運氣眞的很不好，昨天我還在這裡釣到了十幾條魚呢。」

陌生人於是告訴他，這裡其實是禁止釣魚的，而他就是這裡的看守員。他從口袋了掏出了一個本子，然後準備給狄更斯開一張罰單。

狄更斯想了一會，突然說：「你知道我是誰嗎？我就是大作家狄更斯，我現在正在虛構一個故事，所以剛才講到的都是我虛構出來的故事，要知道，作家是可以這樣做的。」

狄更斯也是巧妙利用自己的職業，爲自己擺脫了罰單，也擺脫了尷尬。

機智幽默大師阿凡提，同樣可以在極端的困難之中，藉助自己的機智，爲自己打開一條通往成功的大門。

有一次，阿凡提想要到一個鎖著門的果園裡去，他於是用梯子爬上了果園的籬笆，然後再將梯子搬進去，從而藉助梯子進入到了果園裡，剛到果園裡，就被園丁抓了個正著。

於是園丁問他：「你是誰，你爲什麼要到這裡來？」

阿凡提於是說：「我是來賣梯子的。」

園丁說：「那你怎麼跑到我們這裡來了？」

阿凡提說：「老天爺啊，你難道不知道，梯子是可以到處賣的嗎？」

阿凡提就是這樣藉助自己的機智，擺脫了一次被視爲小偷的情況，其實，任何形式的窘境，都可以透過幽默的方法去解決。

懂得應用幽默的方法，可以避免人際交往的很多衝突，你的機智或許可以讓對方接受他本不願意接受的東西，同樣，你的機智也可以讓對方放棄他所不願意放棄的事情。

4 幽默排解你日常交際中的困難

在社會交際中如果遇到困難，也應該處亂不驚，積極利用自己的聰明才智，去尋找解決的辦法，在這個過程中，如果能夠用到幽默的方法，效果就會更加顯著了。

一般情況下，在自己處於不利地位的情況下，越是帶有自我保護色彩的辯解，後果越嚴重，而幽默的成分則會越多。因爲任何形式的社會交際都是輕鬆的，都不會過於嚴肅，所以我們完全可以藉助自己的幽默和機智來自我辯解。

著名的京劇老生演員馬連良，有一次在《天水關》中飾演諸葛亮，在戲就要開始上演的時候，飾演魏延的演員卻生病了，一位同行這個時候毛遂自薦，要代替那個生病的演員飾演魏延。

於是他們開始表演，當演到諸葛亮升帳發令巧施離間計時，這個演員想和馬連良開個玩笑，於是該他下場的時候，他偏不下場，卻搖著手粗聲說道：「末將不知根底，望丞相明白指點。」

這個突如其來的考驗，並沒有難倒馬連良，他先是一怔，然後笑道：「此乃軍機，豈可明言？請魏將軍站過來。」「魏延」聽到這句話，只好站起來走到「諸葛亮」跟前，只見「諸葛亮」俯在「魏延」的耳朵面前，假裝說了幾句話，「魏延」連說：「丞相好計！丞相好計！」終於下了場。

這一段臨時加上的部分，連一些老戲迷都沒有看出其中的奧妙，其實當時馬連良在那個演員的耳旁說的是：「你這個搗蛋鬼，現在還不趕緊下臺。」

許多人之所以不懂得幽默感，其實很大程度上是因為自己處於不利情況下的時候，精神就會變得被動，不能以輕鬆的心情來面對這些問題，自然就無法幽默起來了。

約翰·亞當斯在競選美國總統的時候，一個共和黨人指控他曾經派遣自己的手下平克斯，到英國去挑選情婦，而且一次就挑中了四個，兩個分給了平克斯，兩個留給了自己。約翰·亞當斯對此則是哈哈大笑，然後說：「如果你說的都是真的，那麼我想平克斯將軍可能也瞞過了我，自己全都私吞了。」

如果當時約翰·亞當斯非常生氣地去呵斥對方，那麼不僅不能解決問題，反而會讓事情更加糟糕，在這裡，約翰·亞當斯用到了幽默的語言，巧妙化解了面對的難題，當然最終的結果是大家都相信了他的話，而約翰·亞當斯最終也如願當選了總統。

就像一個哲學家曾經說過：「如果我們的社會能夠充分認識幽默，能夠讓每一個民眾都被幽默所折服，我們就處於一種和諧的氣氛中了。」所以，我們可以用幽默的方法來解決很多的問題，從而借此釋放自己，讓我們的煩惱全部都消失，也為自己的生活增添一些樂趣。

每個人都希望自己在社會交際中，能夠表現得從容不迫，能夠輕鬆應對一些尷尬的場面。那麼，如何才能夠讓這種想法變成真實呢？

藉助幽默無疑是最好的方法。幽默能夠把我們思維的潛在能量全部釋放出來，但是要做到這些，還需要具備冷靜、樂觀、豁達的精神狀態。

有一個女作家，特別擅長寫感情細膩的文字，她的書深受讀者的歡迎，在一次簽名售書的活動中，有一個人非常不服氣地說：「你的這些作品的確很不錯，但我想知道這些到底是誰幫你寫的？」

面對這個人的無理取鬧，面對這樣一個尷尬的氣氛，女作家並沒有顯露氣憤的神色，而是面帶微笑很有禮貌地說：「謝謝你對我作品的誇獎，不過我也想知道，是誰幫助你看的呢？」

這位女作家的反問，讓這個人啞口無言，於是他灰溜溜地逃走了，台下響起了一陣掌聲，面對對方的無理取鬧，女作家卻泰然自若，藉助自己的機智回答了對方的問題，而且還維護了自己的形象。

丹麥的著名作家安徒生，同樣是一個特別擅長在尷尬中能夠泰然自若的人，他也能夠根據對方的話來反駁對方，從而讓自己跳出窘境，讓對方陷入尷尬。

安徒生的一生比較簡樸，而且他把自己的所有精力都集中在寫作上，所以很不注意自己的外表，自然也不會去追求時尚。有一次，安徒生帶著一個很是破舊了的帽子在街上行走，有一個認識他的富人看到之後，嘲笑他說：「你腦袋上面的那個玩意兒是什麼?難道那也算是一頂帽子嗎？」旁邊有很多人，大家都被富人的話逗得哈哈大笑，很多人都認爲這回安徒生算是栽了，都在看他有什麼辦法解圍，那個富人更是擺出一副不可一世的樣子。

安徒生則不以爲然，理了理自己的帽子，然後說：「你帽子下面的那個玩意兒是什麼，難道算是腦袋嗎？」

對安徒生的嘲笑停止了，人群中爆發出了對富人的嘲笑，富人則是面紅耳赤，一時不知道該如何回答。

安徒生就是藉助自己的聰明才智，用幽默的方法讓自己跳離窘境，反而讓對方陷入尷尬之中，之後那個富人再也不敢亂開安徒生的玩笑了，每次見到安徒生都恭恭敬敬。

安徒生在冷靜地分析了對方的話的邏輯之後，將其引申，然後將對方引入到一個荒唐的結論中去，有力地回擊了對方，並顯示了對方的愚蠢。

其實，相同的話在不同的環境中，會有不同的意思，如果我們能夠善於利用這一點，將其轉化爲幽默的話，效果也會非常好。

蒲松齡有一天穿著普通的衣服，去一個有錢人家去赴宴。宴席上，一個穿著綾羅綢緞的矮胖子，怪聲怪氣地說：「久聞蒲松齡先生的大名，但是怎麼看不到你金榜題名啊？」

蒲松齡微微笑道：「我對功名已經沒有了多大的興趣，現在我棄文從商了。」

另一個同樣穿著綾羅綢緞的瘦高個，則故意裝出很吃驚的樣子，說：「經商到底可以賺一些錢，但是蒲松齡先生爲什麼如此裝束？該不是虧本了吧？」

蒲松齡歎口氣後說：「你說的一點也不錯，我最近去了趟杭州，碰上一批南洋進來的象牙，有用綾羅綢緞包裹的，有用簡單布匹包裹的，我原本認爲綾羅綢緞包裹的應該貴些，就全部買了這種。誰知道帶回來一看，居然都是些狗骨頭，粗布包裹的反而是象牙了，現在後悔都來不及了。」

那些身著綾羅綢緞的人聽後滿臉窘態，自然都不敢再嘲笑蒲松齡了。

面對人際交往中的困境，我們該怎麼辦呢？其實，在這個時候我們不應該唉聲歎氣，而是應該用幽默的方法從容應對，這樣的話，我們的生活中就會避免很多的困難，同時讓自己處於愉快的氣氛之中。

5 適當的自我介紹，可以擺脫尷尬

幽默一直被認爲是只有聰明人才能夠駕馭的語言藝術，其中的自嘲是最高的境界。所以說，能夠自嘲的人，其實是聰明人中的聰明人，是大智慧者。一些缺乏自信的人一般不敢自嘲，他們對於自身的缺點或者不足之處，往往採取遮掩的方法，但其實在他們遮掩的過程中，這些缺點反而被放大了。

在生活中，會經常遇到這樣的情況：好心去幫助別人，結果把事情辦糟了；接到一個無聊的電話，電話那頭的人將你大罵一通；別人的自行車撞到了你，但是對方卻破口大罵……這些小事情很常見，可這些小事情往往讓人陷入尷尬的境地，那麼，此時我們該怎麼辦呢？

如果這個時候能夠採取自嘲的幽默方法，對自己加以保護，就可以輕鬆擺脫窘境，能夠變被動爲主動。自嘲，其實很簡單，就是自己嘲諷自己，它是心境太平的一種表現，它能夠幫助人們建立寬鬆的交談氣氛，能夠讓人們活得更加灑脫。

在一次非常盛大的宴會上，服務生不小心將酒水灑在了一個賓客的禿頭上，服務生嚇得不知道該如何是好，在場的其他人也是面面相覷，場面非常尷尬。這個時候那個禿頭的賓客拿起旁邊的毛巾，輕輕擦拭自己的禿頭，然後笑著說：「老弟，你這種治療的方法有效嗎？」

在這種尷尬的場面中，一句幽默的自嘲顯得是那麼重要。這位賓客用自己的機智和幽默，化解了場面的尷尬，同時也贏得了全場的笑聲，相信在之後人們會更加尊重他，因爲他不僅是一個幽默的人，而且是一個非常大度的人，實在是讓人敬佩。

面對尷尬的時候，能夠藉助自嘲的方法擺脫困境，不僅可以找到臺階給自己來下，還能產生幽默的效果，所以說自嘲是一種很高明的方法。

古時候有一個姓石的學士，有一次騎驢不小心摔了下來，旁邊的人都爲他的窘態而哈哈大笑起來，他則不慌不忙地站起來，然後說：「幸虧我是石學士，要是瓦的，那豈不是都摔碎了。」一句話讓旁邊的人笑得更歡了，但是這次很明顯是對他機智的肯定的笑聲。

由此可見，自嘲可以針對自己的缺點猛烈開火，這樣就能夠產生妙趣橫生的效果，不過在自嘲的過程中一定要注意，千萬不要成爲一個嘩眾取寵的人。

很多高位者或者明星大腕，在和普通人打交道的時候，會讓別人感覺有架子，這可能就是因爲他們自己過於緊張和感覺到有壓力，他們尚還不懂得如何和普通人打交道，一般情況下，開開自己的玩笑，就可以緩解雙方的壓力，讓對方感覺你有人情味，以後的交往自然就會舒坦很多。

這樣的例子有很多，很多相聲和小品演員、主持人，就是藉助這個辦法來取得觀眾的好評。

以前有一個很著名的電視節目主持人，接受邀請參加一個晚會的演出。晚會進行過程中，他不小心在下臺階的時候摔了一跤，這種場面實在是讓人尷尬，但是這位主持人很沉著地爬了起來，然後藉助自己的幽默和超乎常人的口才，對台下的觀眾說：「眞是人有失足、馬有失蹄呀。我剛才的獅子滾繡球節目，滾得還不熟練吧？看來這次演出的臺階不是那麼好下啊！但接下來的節目會很精彩的，不信，大家瞧他們。」

這位主持人這個即興的報幕很成功，不僅讓自己擺脫了當時的尷尬境地，同時還顯示了非凡的口才，他的話剛一說完，觀眾中就爆發了熱烈的掌聲。

適當的自嘲可以取得不錯的效果，但是自嘲需要個性化，也需要形象化，這樣的自嘲才會更加有趣。一個眞正的智者可以藉助自嘲的辦法，讓人們隨著他的笑聲一起笑起來。

在我們的日常交談中，如果對方有意或者無意冒犯了你，讓你置身於尷尬之中，這個時候藉助機會自嘲一下，其實是一個不錯的選擇。

二十世紀五〇年代初，當時的美國總統杜魯門，會見了十分傲慢的麥克阿瑟將軍。在他們會見間隙，麥克阿瑟將軍拿出煙斗，然後裝上煙絲，把煙斗放進嘴裡，然後取出火柴，這個時候才停下來，對杜魯門說：「我要抽煙，你應該不會介意吧？」

很顯然，在這種狀況下，已經不是在徵求杜魯門的意見了，因爲他此時已經做好了所有的抽煙準備，如果杜魯門說介意，那就顯得杜魯門非常小氣和霸道。麥克阿瑟將軍這種缺乏禮貌的行爲，讓杜魯門有些難堪。杜魯門看了一眼麥克阿瑟將軍，然後說：「抽吧，將軍。要知道別人噴在我臉上的煙霧，要比噴在任何一個美國人臉上的都要多。」

那些幽默的人一般都不會讓別人爲難，他們也不會想方設法和別人過不去，更不願意招惹是非。遇到事情的時候，他們總喜歡退避三舍，即便是受到了不公平的待遇，他們也會適當地忍受這種冤屈，絕對不會咬牙切齒，更不會憤憤不平而破口大罵。但是他們並不是生活中的窩囊廢，他們懂得用寬容的方法做出回應，他們會帶著嘲諷的口吻去說話，這樣，其實他們是更高層級的勝利者。

作家傑斯塔爾是個很胖的人，但是他從來不因為自己肥胖而感到羞恥，他經常對朋友自嘲地說：「要知道我在公車上非常受歡迎，因為每次我讓出座位的時候，同時會有三個人以上受益。」

傑斯塔爾的這種輕鬆愉快的自嘲方法，是他一直保持自信心的原因。

美國文學家歐文，在年輕的時候，一直認為自己是一個很不錯的獵手，他經常對朋友吹噓自己的槍法。有一天，他和幾個朋友一起去打獵，朋友指著河裡的一隻野鴨讓他開槍，歐文開了一槍，野鴨飛走了，他並沒有打中鴨子，朋友對這個場面感覺很尷尬，但是他卻毫不在意，他對朋友說：「眞是奇怪，我還是第一次看到一隻死了的野鴨子還能飛。」

歐文的這句巧妙的自嘲話，正好掩蓋了自己開槍失誤的尷尬，讓自己擺脫了困境。

在社會交際中，自嘲是一種很不錯的靈丹妙藥，在其他招式不靈的時候，我們不妨可以拿自己尋開心，因為這種做法不會讓別人厭惡，反而還可以得到別人的掌聲。

6 模糊應對的方法幫你擺脫尷尬

不同的場合碰到的問題是不相同的，對於自己認識不清楚的事情，如果能夠用精確的語言來表達，顯然很難做到，這個時候模糊的應對方法就有了用武之地，模糊的應對方法，可以讓我們在進退兩難的境地中遊刃有餘。

南齊時，有個著名書法家王僧虔，是晉代王羲之的四世族孫，他的行書楷書繼承祖法，造詣頗深。

當時，南齊太祖蕭道成也擅長書法，自認爲自己是一個很了不起的書法家。

有一天，南齊太祖蕭道成要和王僧虔比書法，寫完之後就問王僧虔說：「你自己說說，我是第一，還是你是第一？」

王僧虔不願意貶低自己，又不願意招惹這個蠻橫的皇帝，於是他思考了一會之後說：「在大臣中，我的書法是第一；在皇帝中，您的書法是第一。」

南齊太祖蕭道成聽後哈哈大笑，自然此事就這樣過去了。

面對皇帝的刁鑽問題，王僧虔藉助的就是模糊的應對方法，這樣保全了自己性命的同時，也保全了自己的尊嚴。

模糊應對的能力很強，收縮性也很大，在舌戰中是一種常用的方法，被廣泛應用於外交談判中。

模糊應對就是這樣，它可以在面對刁難時從容應對，而且不讓對方明白你的意圖，就給人霧裡看花的印象，同時由於模糊應對的可伸縮性，使得它可以規避一些沒必要的麻煩。

著名的足球運動員迪戈·馬拉多納，在世界盃上對陣英格蘭的時候，踢進了一個頗有爭議的進球，當有記者問他那個球是用手打進的，還是用頭頂進的時候，迪戈·馬拉多納很機智地回答說：「手球有一半是迪戈的，可頭球也有一部分是馬拉多納的。」這個回答頗有趣味，如果他直接回答，那麼會遭遇很多麻煩事情，索性用這種模糊的方法，反而避免了一些不必要的麻煩。

在生活中，如果有人問你問題，你一般都需要給對方做出回答。有時候如果面對的是對方刁鑽的提問，那麼，我們可以以反問的形式，模仿對方的話語結構，提出一個幾乎相同的問題，這樣可以做到反守爲攻。

據說，在中國古代的江南蘇州，有一個年輕漂亮的女孩，她的名字叫做巧姑，巧姑不僅長相漂亮，而且是個心靈手巧的女孩，皇帝聽說有這樣的奇女子之後，一時也想來見識一下巧姑的聰明，於是騎著馬一個人來到了蘇州。

皇帝來的時候，正好看到巧姑在自己家門口的地裡插秧，於是就問她說：「這位姑娘，我看你插秧很嫺熟，那我想知道你一天能插秧幾千幾百幾十下？」

只見巧姑很聰明的說：「先生，你騎著馬，那我想知道，你的馬蹄每天能夠落下幾千幾百幾十下？」

皇帝聽到對方的話後，感覺果然名不虛傳，於是就準備下馬，可他卻又故意懸在空中，做出一副想下又不想下的樣子，於是就問巧姑說：「你猜我現在是在上馬，還是在下馬？」

只見巧姑也將一隻腳踩在地裡，反問道：「你看我現在是想下田幹活呢？還是準備收工回家？」

皇帝聽到這些之後，已經感覺到了對方的聰明才智，暗暗佩服不已。

其實皇帝的每個問題，都是一個非常難以回答的問題，如果要貿然回答，肯定會陷入皇帝設下的陷阱中，巧姑果然聰明，索性藉助反問的方法，讓皇帝也無從回答，自然就會在語言上占得上風。

7 巧妙的語言可以讓你轉危為安

語言的表達方式很多，不同的語氣說出來的語言，會有不同的效果；而同樣的意思，用不同的表述，結果也將不一樣。所以，我們在日常生活中，需要注意用巧妙的方式去面對一切問題，不管是讓自己爲難的時候，還是極其尷尬的場面，都可以一一化解。

遭遇到尷尬，可以用幽默來化解，透過自己的機智，擺脫這種不利的局面。

有一次，一個司機和領導開車去一個比較遠的城市，走了一段路之後，司機需要下車上廁所。當時是冬天，天氣非常冷，領導看了看遠處的廁所之後，就不想去廁所了，於是司機拔下車鑰匙，然後自己去了。司機走後不久，車的空調就關閉了，而司機的肚子正好壞了，在廁所裡待了很長時間，領導因爲受了冷，所以很不開心。司機回來後，領導說：「你下車幹嘛把鑰匙拔下來？」原來車子有點問題，即便是司機不把鑰匙拔掉，車子也會因爲長時間沒有發動而關掉空調。但是他並不想以此爲藉口，於是他說：「自從賓．拉登襲擊了美國之後，我幹什麼事情都會防著點。」領導坐在車裡苦笑不已，顯然他已經不生司機的氣了。

如果這個司機當時把車子的毛病說出來，不但不會讓領導消氣，反而會讓領導認爲他是一個喜歡找藉口的人，他的做法則會讓領導對他有個不錯的認識。

我們再來看一個古代的笑話。

很久以前，有一個國王突發奇想，想考驗一下他的大臣們，是不是眞的很有才學，於是他就問他們：「有誰能知道，皇宮前面的水池裡，總共有幾杯水？」

很多大臣都被這個問題難住了，只有一個大臣思考了很久之後，說：「如果杯子和水池一樣大的話，那麼就只有一杯水；如果杯子只有水池的一半的話，那麼就有兩杯水，以此類推。」

這位國王聽了這位大臣的回答之後很滿意，就獎賞了這位大臣。

這位國王的這個問題很刁鑽，當然也是一個無法回答的問題，這個大臣就換了一個角度思考這個問題，他沒有局限於數量上，而是在杯子的大小上做了文章，自然就容易回答很多了。

其實，在我們的日常生活中遭遇的這種不利場合，同樣可以利用幽默的方式來化解，這樣做我們就可以把握局勢，化解當前的危機。

美國有一家很大的百貨商店，在自己家的門口立了一個牌子，上面寫著：「無貨不備。如有缺貨，願罰十萬。」

有一個義大利人很想得到這十萬美元，於是他來到這家百貨商店，然後開口就問：「請問潛水艇在幾樓？」經理把他領到了十六樓，居然眞的有一艘潛水艇，接下來這個義大利人說：「我還想看看太空船。」經理又把他帶到了二十六樓，果然也有一艘太空船。這個義大利人轉變思維說：「我想看看肚臍眼長在腳下面的人。」

義大利人認為這樣就可以難住經理了，誰知道經理不動聲色地叫來一個服務員，說：「給這個先生做一個倒立看看。」

經理顯然已經明白這個義大利人在無理取鬧，於是他也靈機一動，用自己的幽默制服了對方的行為。

在一些場合中，其實可以使用幽默的方法，緩解對方的敵對情緒，讓雙方在忍俊不禁中化解矛盾。

古時候，有一個姓張的個子很小的進士，在回家的途中遇到了強盜，他的隨身東西都被搶了，但是強盜還是準備殺掉他，等到強盜剛要動手砍頭的時候，他說：「人們都叫我張矮子，你現在要是再砍一刀的話，那我豈不是更矮了。」

強盜被他的話逗樂了，於是也沒有殺死他。

面對強盜的屠刀，張進士沒有任何的慌張，而是藉助自己的幽默，保全了自己的性命，也化解了強盜的仇恨心理。

8 幽默的方式可以回敬對方的無理取鬧

幽默的口才可以輕鬆面對任何的環境。我們在日常交往中，必然會碰到別人的惡意攻擊，這會讓兩人的關係變得微妙，此時如果能夠用到幽默的方法來處理這種窘境，就會收到意想不到的效果。

前蘇聯詩人馬雅可夫斯基，做過很多次的演講，他的幽默往往能夠讓台下的聽眾笑得合不攏嘴，有一次，有個高個子擠到台前，大聲喊著：「您講的笑話很好，可是我卻聽不懂。」

「您該不會是長頸鹿吧。」馬雅可夫斯基說：「只有長頸鹿的反應力才能這麼慢。」

瘦高個子顯然有些不開心，他說：「我應該提醒你，偉大和愚蠢可只有一步之遙。」

馬雅可夫斯基一邊用手指指著自己和那個人，一邊說：「你說的沒錯，偉大和愚蠢只有一步之遙。」

瘦高個繼續說：「你的詩歌不足以感染人，它不能讓人燃燒。」

「我的詩歌不是開水，也不是鼠疫，當然做不到你說的那些。」馬雅可夫斯基繼續說。

「您自己說過：『把沾滿塵土的傳統和習性，從自己身上洗掉。』您每天都需要洗臉，那麼說明您也是骯髒的。」瘦高個子繼續挖苦道。

「那麼，您每天都不洗臉，是不是認為自己很乾淨呢？」馬雅可夫斯基說。

顯然瘦高個子的攻擊不能激怒馬雅可夫斯基，於是他氣急敗壞地說：「您寫的這些詩歌都是短命的，明天也許就會完蛋。」

馬雅可夫斯基則說：「那好，請您過一千年再來體味我的不朽吧。」

馬雅可夫斯基面對這個惡意挑釁者，依然能夠保持鎮定自若的反應，而且他的語言充滿幽默，鋒芒也掩蓋得恰到好處，充分體現了他的幽默和機智。

莎士比亞曾經說過：「幽默和風趣是智慧的閃光。」

幽默是人類智慧的結晶，這匯總巧妙的語言，應用可以為我們的生活增添不少色彩。

Chapter

第九章

一個笑話解決一個難題

幽默的笑話在達到娛樂效果的同時，在現實生活中，還有著不一般的實用價值。有時候，一個看起來很小的幽默故事，可以改變生活中尷尬的場面，甚至可以解決生活中很棘手的問題和麻煩。只要學會了靈活應用，幽默的笑話就會成為我們生活和工作中的好幫手。

1 司機也能做愛因斯坦

愛因斯坦的《相對論》問世後，很多大學都邀請他去做演講，愛因斯坦也就奔波在演講的路上。

在一次演講的路上，愛因斯坦的司機對他說：「博士，您的《相對論》的演講，我已經聽了不下三十次了，我相信我都可以上臺演講了，我絕對可以講得和你一樣好。」

愛因斯坦笑著說：「好啊，反正現在我們去的這所大學沒有人認識我，我就給你一個機會，你試試看。過會兒我裝扮成司機，你呢，就是愛因斯坦了。」

沒有想到，司機的演講得到了全場觀眾如雷聲般的掌聲，這個時候，有一位教授提出了一個問題，可對方提出的這個問題，是司機從來沒有聽過的，司機陷入了僵局。

司機滿頭大汗地思索，怎麼也想不出這個問題的答案，這個時候他看到了愛因斯坦，於是靈機一動說：「這個問題比較簡單，就讓我的司機來回答這個問題吧。」

愛因斯坦看到這個場面，也趕緊上臺給那位「教授」做出了解答，給司機解了圍。

笑過之後思索多

其實這個故事到這裡並沒有完，後面還有這樣一個結尾：

透過這件事情之後，司機對愛因斯坦的學識和才華更加佩服，他對愛因斯坦老實地說：「我只能當您的司機了，您才是偉大的科學家。」

看來，這位非常聰明的司機，可以短暫地代替愛因斯坦做一次演講，但是他終究不是愛因斯坦，他畢竟無法徹底代替愛因斯坦。其實這個幽默故事也告訴我們，是金子終究會發光，那些石頭，雖然可以短暫蒙混過關，但終究經不住時間的考驗，在金子面前它永遠都是石頭，只有在石頭的世界裡，一塊優秀的石頭才有可能得到賞識。

其實，做人也是這個道理，就像愛因斯坦和他的司機，讓科學家暫做司機，而讓司機代替科學家去演講，雖然只是一個玩笑，畢竟不是很好的做法，他們只有在自己的工作範圍和研究範圍內有所成就，一旦超越了界限，他們就會嘗到一些苦的滋味。

2 吃飯和賣房子的關係

有一個人去朋友家祝賀主人生日快樂，在用餐期間，他碗裡的飯吃完了，此時主人正和其他的客人聊得熱鬧，並沒有注意到他的碗已經空了，在他們那裡，主人幫客人添飯是一種禮貌的行爲，客人也不好意思太主動開口，於是便靈機一動說道：「我有一個朋友準備賣房子了。」

在座的人有幾個對此很感興趣，於是都問道：「房子在什麼位置，整體怎麼樣？」

這個人回答說：「房子非常不錯，最細的樑子也大概有我的飯碗這樣粗細。」他說著，舉起自己的碗比劃了一下。

大家也都隨著他的手勢去看他的碗了，主人看到空了的碗，馬上拿過去給他添飯，然後說：「後來呢，他的房子賣出去了嗎？」

這個人很幽默地說：「後來這個人有飯吃了，房子不賣了。」

笑過之後思索多

按照曲折或者暗示的說法，在人際交往中是非常有效的一種方法。

一般來說，委婉曲折的、間接暗示的做法，都可以讓對方在簡單的語句中得到一種頓悟，這種「拐彎抹角」的說法更加的有韻味。

在上面那個「賣房子」的幽默故事中，那個客人就充分地表達出了自己的意見，但是他所借用的辦法，既沒有傷害到對方的面子，也沒有讓整個晚宴陷入尷尬之中，沒有傷害和氣、沒有傷害到面子，這實在是一種非常絕妙的辦法。

3 賣花姑娘訣竅多

在一個火車站裡有一個賣花的姑娘，她的生意向來不錯。因爲每次她看到一對像是已經結婚的男女的時候，會對男的說：「請你買一束鮮花給您的女朋友吧。」而當她看到一對情侶的時候，她就會說：「請您給您的太太買一束鮮花吧。」她很好地把握了人們心理上的需求點。

笑過之後思索多

說話要有虛有實，這一點在人際交往中照樣實用。所謂的虛，就是要懂得說一些感激話、問候話和關心話，還有一些好聽的話，可能有些人認爲和對方的關係很好了，就沒有必要說什麼客套話了，其實這種觀點有一定的局限性，即便是關係再好，那些客套話同樣有自己的實用價值；而所謂的實，就是指發自內心深處的、眞誠的、充滿關切的話語，如果你的言語中永遠沒有眞心話，最終是會讓別人唾棄的。我們在和別人交往的時候，需要把握好實和虛的度，只有這樣，我們才能夠像故事中的小女孩一樣得到成功。

4 要吃恐龍肉的顧客

安東尼請自己的朋友在一家飯館裡吃飯，他們都在談論這飯店的特色經營方法。

安東尼對他的朋友說：「這裡的服務員的很不錯，對顧客可以說是有求必應，就算你要的是陽光，他也會答應你，然後假裝去拿，過一會又會告訴你，陽光已經賣完了。」

朋友們聽了之後有點不相信他的話，於是，安東尼召喚來一個服務員，說：「請給我上兩份恐龍肉。」

服務員面帶微笑地說：「不知道您喜歡怎樣的恐龍肉呢？」

「煮的爛一點的。」

服務員做了記錄之後就走了，過了一會兒，他回來說：「先生，實在不好意思。」

「難道是已經賣完了嗎？」安東尼裝成很失望的神情說。

「不瞞您說，先生，恐龍肉還是有一點的，但是不太新鮮，我實在是不忍心賣給您。」

笑過之後思索多

英國著名作家、戲劇家蕭伯納曾經說：「我開玩笑的方法，就是『編造眞實』。『編造眞實』乃是世界最有情趣的玩笑。」

的確，編造出來的情況，帶有更大的吸引力，而且得到很好的幽默效果，在我們的生活中，往往能夠對事情起到更好的作用。我們的生活中需要一些善意的謊言，以此來調節氣氛、應對難題，這些善意的謊言，有著他們無與倫比的作用。

就像上面故事中的服務員，人們不得不佩服他是一個善於說謊的高手，他寫滿眞誠的臉上，非常認眞地抖出了自己所設置好的包袱，讓別人明明知道是假的，但還是聽得津津有味，還將其作爲了一種享受，也不忍心戳穿他們。

當然，如果你說假話的能力還不夠，於情於景都不合適，反而會弄巧成拙，不但讓聽的人感覺到受了愚弄，還會給對方留下不良的印象。

5 一個小時的路程

美國五星上將卡特利特．馬歇爾，年輕的時候曾經參加了一個在他駐地的酒會，他當時請求一位小姐，讓對方答應他送她回家。

這位小姐的家就在附近，但是馬歇爾開車一個小時之後才將她送回家。

「看起來你來這裡的時間不是很長，」這位小姐說，「顯然你不熟悉這裡的道路。」

「你不能這樣認爲，如果我對這個地方不夠熟悉的話，怎麼能夠開了一個小時車，卻從來都沒有路過你的家門前。」馬歇爾幽默地說，後來這位小姐嫁給了馬歇爾將軍。

笑過之後思索多

人際關係是個很奇妙的東西，一句話、一個眼神、一個動作，往往可以促使別人的心理上產生波瀾。如果能夠巧妙地藉以發揮，展示出自己豐富的情感和願望，就會得到很不錯的收穫。就像故事中的馬歇爾將軍一樣，他對那位小姐的揶揄善加利用，從而很巧妙地表達出了自己的心願，最後終於俘獲了她的芳心，爲自己娶到了一位漂亮的太太。

6 老太太的聰明之處

喬思琪在電梯中，一直在注視一個非常漂亮的長髮女郎，他的目不轉睛，立即引來了太太的不開心。

突然間，那個女郎轉身給了喬思琪一個巴掌，然後說：「我要給你一個教訓，讓你知道以後不要偷捏女孩子。」

走出電梯後，老喬思琪很委屈地對太太說：「我並沒有捏她呀。」

太太說：「我知道不是你捏的，因為是我捏的。」

笑過之後思索多

在一些場合中，身邊親近的人或許對你有了意見，總是想教訓你一下，但是你又感覺自己並沒有做錯什麼事情，這時候你肯定感覺很委屈。這種情況下你先不要著急喊冤，更不要對此生氣。明智的做法是先仔細想一下自己的言語和行為，看有沒有什麼不當的地方，實在想不明白的時候，再去找人問原因。

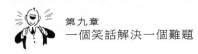

人們的日常生活是由很多小事組成的，誰都無法保證自己不犯錯誤，再加上一些自身的因素、外部環境等等原因，所以做出一些錯誤的事情是難免的，甚至有時候做了，自己卻沒有意識到，但是你的行爲和語言，早已招惹到了身邊的其他人的不滿。

所以，在這種情況下，在受到別人的教訓的時候，應該先檢查一下原因，急著喊冤或許會帶來更大的害處。

7 非同一般的減肥妙方

有一個肥胖的先生去看醫生，他希望自己能夠得到有效的辦法控制重量，醫生說：「你的肥胖是不是因爲什麼疾病引起的？讓我先給你做一個檢查吧。」

體檢之後，醫生非常沉重地告訴病人說：「我發現你的肥胖並不是很重要的事情，關鍵是你得了癌症，估計您的生命就只有三個月了。」

這個肥胖的先生聽後之後非常悲痛，既然如此，自然就沒有減肥的必要了，就非常悲哀地回家，每天都很憂慮的過了三個月，但是三個月之後他並沒有死，於是他非常生氣地跑去問醫生。

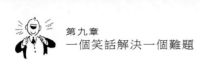

醫生卻很淡定地對他說：「你之前找我的最主要目的是什麼？」

「是爲了減肥啊。」

「那你現在的體重是不是已經降下來了呢？」

笑過之後思索多

這個醫生給病人的減肥方法很特殊，他跳出了我們一般的思維模式，因爲他懂得變通，所以他的病人達到了減肥的目的。

我們每個人在做事情的時候，也應該有這方面的意識。當你有了自己的目標之後，就要對自己的目標進行審視和檢查，或者確定一下自己所要達到的目標到底是什麼。如果你決定了要做改變，就必須要接受改變之後的樣子，在解決問題的過程中，或者在達到目的的過程中，必須要面對所遇到的困難和問題。

在你理想化的目標提出之後，你需要研究一下你的目標，需要怎樣的時間、財力、人力才能夠達到；你的選擇和你的方式、途徑，是不是最合適的？是否經得住時間考驗的？確定了之後，在做的過程中，當事情遇到困難的時候，要懂得用變通的方法去解決，要進行有效的新的嘗試。許多人都有著遠大的志向，也有著很強的毅力，但就是因爲不懂得改變，最終沒有得到成功。當面對目標的時候，請堅持下去，不要猶豫，但是在堅持的過程中，請適當地革新你的做事方法，這樣的變通，會讓你的成功來得更快。

8 和對方說話，找到自己的妻子

有一對夫妻去商店買冰箱，臨走的時候，妻子對丈夫警告說：「進了商店之後，碰到漂亮的女人不許多看一眼。」

丈夫聽從了妻子的命令，到了商店之後，他一路低頭走到了家用電器的櫃檯前，他這種走法不要緊，卻把妻子丟了，他在商店裡到處都找不到，正在著急的時候，發現了櫃檯後面一個長相出眾的女售貨員，於是走向了她，售貨員非常熱情地招待他，問他買什麼。

「我並不算買什麼，我只是想過來和你說說話。」

「說話？」售貨員被他搞得很莫名其妙：「說什麼呢？」

果然不到十分鐘，這位先生的太太就出現了，原來丈夫知道妻子最怕他和漂亮女人說話，如果出現了這種狀況，她肯定會自己找來的。

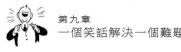

笑過之後思索多

把一片樹葉藏起來的最好辦法，就是將它放在森裡裡，因爲，森林裡相同的樹葉實在是太多了，一旦放進去，就很難分辨出來；而與此相反的是，一個人如果想要引起某個人的注意，就必須把自己的精力放在那個人的興趣點上。

透過科學實驗證明，一個人對自己感興趣的事情，有著非常強的注意力和感覺能力，所以要想得到某個人的注意，就必須讓自己的行爲和語言和對方的興趣點結合，只有這樣做，對方的目光就會對你有特殊的關照。

上面故事中的丈夫，就很好地利用了這一點，他深知自己的妻子，時刻在提防著自己的不老實，所以就故意這樣做，從而引出她來。

9 從心跳中感受到的資訊

有一個男子已經雙目失明，有一次他和太太一起去買衣服，但他總是能對太太的選擇發表意見，他倆坐在一起，聽服務員介紹一些衣服的款式和顏色，他也能夠說出哪一套最好，而且他每次所選的正是他太太喜歡的。

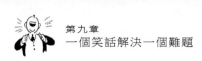

「你到底是在什麼地方學來的本事？」店老闆對此很驚奇，「你居然每次都能選對。」

「其實很簡單，」他說，「每次她喜歡的衣服出現的時候，我就能感覺到她心跳加快了。」

笑過之後思索多

這個小故事中的丈夫，雖然已經雙目失明，但是他的心卻像一面明鏡一樣，雖然身體上有缺陷，但是在妻子買衣服這件事情上，他並不是局外人，他並沒有躲避開，而是成爲了妻子這個明眼人的高級參謀。

其中的秘訣就在於，當他明白了自己的缺點之後，然後充分利用周邊環境所發生的一切，然後揚長避短，調動一切自己能夠感覺到的資源，用自己的方式去判斷妻子的心理變化，從而做出正確的判斷。

其實，他的這套本領並不是很難，往往那些耳朵或者眼睛有些缺陷的人，他們對周邊事物的把握會更加敏銳，如果人們都能夠像他們一樣善於把握細節，能夠敏銳感知身邊發生的情況，那麼都會變成明察秋毫的人。

由此可見，一個人的作爲，並不一定取決於他健全的器官，更關鍵的是在他的心智的開發上，一個粗枝大葉、馬馬虎虎的人，做事情是不會高人一籌的，只有能夠抓住細節的人，才能夠獲得更大的成功。

10 臉上的傷痕是貓抓出來的

有一對夫妻因為一件小事吵了起來，吵到最後還打了一架，但是過了不久，兩人就又和好如初了。

妻子對之前發生的事情感覺到很內疚，於是對丈夫說：「眞是對不起，把你的臉都抓破了，這麼多傷痕，如果你在路上或者公司裡被別人問起，該怎麼辦啊？」

丈夫則很淡定地說：「沒有關係啊，我抱著一隻貓就是了。」

笑過之後思索多

一個人從小到大，就算沒有經歷過太大的風雨折磨，沒有飽嘗過酸甜苦辣，但是在成長的路上，起碼被歲月抓傷過，在他的身上或者心裡，肯定留下了不可揮去的傷口或者陰影，其實這是一個人的成長見證，沒有什麼大驚小怪的。

在日常生活中，總有一些人喜歡展示自己的「傷痕」給別人看，他們的這種做法，實際上是在暴露自己的無能和脆弱，他們的這些做法甚至會引起別人的反感，沒有任何的好處。

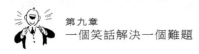

所以，那些聰明的人，總是會將自己的傷口壓在心底，並且嘗試著忘記這一切，把眼光放在未來的生活中，就算是這些傷痕出現在自己的臉上，他們也會想辦法去掩飾這一切，甚至是「僞裝」。

就像上面故事中的丈夫，被妻子抓傷了臉，不能夠馬上使傷口平復，但是又不得不出門，於是他爲了避免別人詢問，索性手中抱著一隻貓，透過這種比較滑稽的舉動，掩飾了自己的傷痕。

生活中的這種小插曲，透過仔細的琢磨，我們從中可以悟出一些生活和做人做事的道理，用一些看似是小聰明的點子，完全可以讓自己擺脫尷尬的境地。

11 口吃推銷員的競爭優勢

有一個推銷員，厭倦了每天出去推銷《新華字典》，於是他決定雇傭幾個人幫助他推銷。招聘的廣告剛招貼出去，就來了三個應聘的人，第一個面試的人說：「我願意爲你去推銷《新華字典》。」

「好的，你可以被我錄取，現在你拿著這些書出去推銷吧。」第一個人得到了很多的《新華字典》。

第二個面試的人也是這樣，他同意得到了錄取，並且領到了很多的《新華字典》。

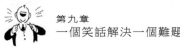

第三個面試的人有點結巴，他說：「我、非、非常願、願意爲你去、去推、推銷《新、新華字、字典》。」

「不行。」雇主對他說，「以你現在的情況，可能很難推銷出去，所以我不打算錄用你。」

面試者請求道：「可、可是、我、我、我、我很、我很希望、得到、這、這份工作。」因爲沒有了其他的應聘者，雇主還是答應了這個面試者，他說：「好吧，那我給你一個機會，我希望你能夠做得很好，我相信你，去吧。」就這樣第三個面試者也得到了很多的《新華字典》，之後，他出了門。

一天結束了，到了晚上，他們開始彙報工作，第一個面試者賣出去了十一本《新華字典》，第二個面試者賣出去了十本，第三個結巴的面試者卻賣出去了二十九本。

雇主對此很開心，他說：「眞是太好了，你一定有什麼非常的辦法，要不然你不會做得這麼好，你現在把你的推銷技巧講給大家聽吧？」

第三個面試者說：「我、我什麼也、也沒、沒有做，我只是、只是敲開一、一、一、一家門，然、然後給、給他、他們讀《新、新華字、字典》上的幾、幾、幾個字和字、字的解、解釋，然、然後就很禮、禮貌地問他、他們，你們是、是、是願意買、買、買呢？還、還是希、希望我繼、繼續讀、讀、讀給你、你們聽？」

笑過之後思索多

其實，事情的成功與否，我們的硬性條件並不一定是唯一的條件，一些事情，往往用非正常的手段去做，或許效果會更好，如果按照正常的辦法，只可能得到和所有人一樣的結果，並不會取得更大的成就。

當然，前提是這些非常規的方法的應用，是建立在依據事物本質的基礎上的，是按照一定的基本規律的，只不過因爲正常情況已經被人們看慣了，所有非常規的方法反而效果更好。

就像上面這個推銷《新華字典》的故事，口吃的推銷員的效果反而最好，他的成績居然超過了兩個正常推銷人員的總和，這實在是讓人感覺到驚奇，但是我們聽完那個口吃者的推銷竅門之後，才恍然大悟。在大笑之餘，才明白了他的精明之處，他藉助自身的生理缺點，讓劣勢變成了優勢，他的斷斷續續的話，讓客户們有點受不了了，索性買一本算了。

12 找不到的眼鏡

張子劍在宿舍裡翻東西，弄得是滿頭大汗。

趙強被他的這種行爲搞得無法認眞看書了，於是就問他說：「你到底是在找什麼？」

「眼鏡。」張子劍很著急地說：「我的眼鏡找不到了，我現在哪兒都去不了。」

「不在桌子上嗎？」趙強的眼睛盯著自己的書說。

「早就找過了，沒有的。」

「那麼床上呢？」趙強繼續說道。

「也沒有！」

趙強不耐煩地扔下書，起身準備幫張子劍找眼鏡，抬頭看了一眼張子劍就笑了：「你在找什麼東西？」

「眼鏡！」張子劍著急地說。

「既然這樣，那你摸摸你的鼻子試試。」

張子劍停了停，這才發現自己找了半天的眼鏡，其實就在自己的鼻樑上架著。

笑過之後思索多

其實人們在處理事情的時候，經常會忽略了眼前的情況，反而從其他地方找答案和原因，直到找了很久、一無所獲的時候，才會發現，原來眞正的問題就出在自己的身上，做事情的時候多一份冷靜，就會少一份麻煩，這樣的話，自己的路也會順暢很多。

在今天這個追求外在成功的時代，精神的自省顯得尤爲重要，我們要不斷反省自己，這樣才能夠讓我們的生活更加順暢。

「一日三省吾身」這句話，就是在告訴我們要自省，是每一個成就事業的人必須學習和做到的。

13 魚告訴我的答案

有一個人早起去早市上買魚，他隨手從一個魚攤上抓起了一條魚，然後嗅了嗅它的鼻子，賣魚的小販擔心他嗅出了魚的不夠新鮮，於是就裝做很生氣地說：「先生，你不買沒有關係，你聞什麼啊？」

這個人回答道：「我不是在聞啊，我是在和魚說話。」

小販很驚奇地問他道：「那你和魚在說什麼？」

「我是在問魚，海裡邊最近有什麼新聞。」

「那魚是怎麼回答的呢？」

「魚對我說，他也不知道海裡邊最近的新聞，因爲他出海已經很久了。」

笑過之後思索多

在我們的日常生活中，總會看到菜市場上買菜的人，會對菜挑挑揀揀，買肉的時候要精肉，買菜的時候，要將有點爛的菜葉揪掉，總是要挑選最新鮮、最好的，當然，他們的這種行爲未必會讓賣家願意。

在上面這個故事中，那個買魚的顧客，就很委婉地指出了小販的魚不夠新鮮，甚至對他以不新鮮的魚來冒充新鮮魚賣的行爲提出了質疑，但是他們並沒有正面交鋒，從而避免了一場衝突。

14 簡單的答案卻沒有得到答案

英國的一家報社舉辦了一個獎金很高的徵答活動，他們提出的題目是：在一個沒有充足了氣的熱氣球中，承載著三個關係著人類興亡的科學家，爲了能夠讓熱氣球正常飛行，必須丟下一個人，以保護另兩個人的生命。三個人分別是：環保專家，他可以透過研究拯救無數的生命；原子專家，他可以有力防止全球的原子戰爭，讓地球免除毀滅的災難；還有一個是糧食學家，他可以讓不毛之地長出適合人們食用的植物，可以讓數以億計的人擺脫饑餓。那麼到底將誰丟下去呢？

這個問題問出之後，雖說活動的獎金很高，但是沒有人能夠答出最好的答案，最後這個巨額獎金的題目，終於被一個小男孩答中，他的答案是：「把最胖的那個科學家扔下去。」

笑過之後思索多

很多時候，本來很簡單的問題，會被我們弄得很複雜，其實，問題的本身並不複雜，複雜的是我們看問題的眼睛，任何事情只要看明白了、理清楚了，就會很容易得到答案。

就像上面的那個幽默故事，很多人的答案都很絕妙，他們想出了各種理由，來證明自己的答案的正確，但是都不是最好的、十足充分的解釋，關鍵就在於，他們受到那些科學家重要性的描寫文字的干擾，從而讓自己的思維變得複雜化了。其實在這個時候，最重要的問題並不是誰重要了，而是如何減輕熱氣球的載重量，自然，最重的那個科學家就是最應該丟下去的人了，小男孩的答案，才眞正意義上觸碰到了這個問題的核心，且沒有被他們三個人的重要性所迷惑。

生活中，有很多人都在抱怨問題太多，活得也很累，其實，有時候是人們人爲地將簡單的事情搞複雜了，有些場合只需要換一下思維方式，從最簡單的、最直接的地方入手，就會發現所有的難題都迎刃而解，這樣的話，我們的生活也變得輕鬆了。

15 失去一個億的滋味

有一個很有錢的姑娘，在一天傍晚，她和一個英俊、誠實但是很窮的小夥子約會，他對她很溫柔。

「你是那麼的富有。」他吻著她的臉頰說。

「是的，我的身價至少值一個億。」女孩很坦誠地說。

「我知道，那你能嫁給我嗎？」

「不可以。」

「我早就料到了是這個結果。」

「那你又何必問這個問題呢？」

「我是想體會一下，失去一個億是怎樣的滋味。」

笑過之後思索多

世界上每個人都在做自己的白日夢，窮光蛋幻想著自己有一天能夠富甲一方、殘疾人幻想著自己能夠得到健康、孤獨的光棍幻想著能夠得到別人的愛情、衰老的老人希望回到年輕的時候……夢想是每個人都會做的，但是如果想要把它變成現實，那就相當難了。

我們無法強求不屬於我們的東西，因爲這種強求，最後只能讓我們自己痛苦，所以我們需要做到的，就是端正我們自己的態度和主宰自己的命運，也就是如何正確的看待得不到和擁有的關係，讓現實和幻想不要有太過於明顯的衝突和矛盾，以至於讓自己變得遍體鱗傷，到最後無法收拾。

在上面故事中的那個男子，就是把無法得到的愛情，看成了失去一個億的玩笑，從而避免了自己在幻想世界和現實生活的雙重打擊，他雖然處於一種花前月下的場合中，但是卻沒有失去理智，實在是值得我們學習的年輕人。

16 將真皮大衣收藏在車庫裡

有一個先生曾經對他的朋友說：「我的太太總是和我的想法不一樣，我的手頭現在有一筆錢，她想要買一件眞皮的大衣，但是我卻想買一部新車子，最後我只能作出了妥協，我只好說：『我們就買一件眞皮大衣吧，然後把它放到空著的車庫裡。』」

笑過之後思索多

夫妻之間往往擁有不同的愛好和興趣，這是很正常的一件事情，對方不喜歡的事情，另一方不能強求。當面對夫妻之間的矛盾和分歧時，我們可以透過適當的磨合方法，讓雙方取得一致的意見。

這位先生當然不會將他太太買的眞皮大衣放進車庫，表面上看，兩個人的願望都沒有得到實現，但其實是丈夫藉助幽默的方式向妻子妥協了。他們透過這種幽默的方式解決了問題，避免了夫妻各執己見的局面出現。所以，當夫妻之間出現不同意見時，都不妨藉助幽默的方式，這樣的話，在笑聲中，所有的問題都將得到解決。

17 無法容忍的第二次失誤

一個人在月底領工資的時候，發現少了一塊錢，於是他非常生氣地跑去問會計。

會計說：「上個月我多給你了一塊錢，你生氣嗎？」

這個人回答道：「偶然的一次失誤，我是可以理解的，但是你接連出現失誤，我就無法容忍了。」

笑過之後思索多

生活中總是有一些人，他們可以堂而皇之地佔別人便宜，而且每次都會在心中竊喜，他們認爲這是自己的好運氣到來了，是理所當然的。他們絕對不會因此而不安或者感恩生活的，在他們的價值觀裡，攫取就是一種道理，他們的眞理就是保證自己不吃虧，是不存在正確和錯誤的概念區別的。

不僅僅如此，如果他們發現自己曾經佔過的便宜，到了需要償還的時候，他們就開始生氣，甚至勃然大怒，因爲已經吃到嘴裡的肉，吐出來是很不舒服的，也是他們無法接受的，這種大虧，怎麼可能讓他們這種爭強好勝、喜歡佔便宜的惡人吃下呢？

於是，他們就會編造一些看起來很合理的理由，來保衛自己和自己的勝利果實。就像上面故事中的那個少領工資的人，本來這個月的少一塊和上一個月的多一塊已經抵消了，但是他將這兩次都認爲是會計的失誤，而且更不願意接受要吐出已經吃下的肥肉的現實。

其實，在我們的人生中會有很多的帳單，付出多少，勢必就收穫多少，這些都是平衡的，如果只是一味地索取而不知道付出，那麼到最後只有一個結果，那就是自己來埋單，那些總喜歡耍滑頭的人，他們都不會一帆風順的。

18 吝嗇的富翁只值一個便士

詩人拜倫在泰晤士河岸散步時，看到了一個掉入水中的富翁，被一個窮人冒著危險救起，但是這個吝嗇的富翁，只給窮人一個便士作爲酬謝。

在岸邊看到這一幕的人，都感覺非常生氣，他們都叫嚷著，要把這個忘恩負義的傢伙再次扔到水中。

這個時候，拜倫阻止他們說：「算了吧，他很清楚自己的價值。」

笑過之後思索多

這件事情是詩人拜倫生活中的一件小事，我們來看看故事中的主角——那個吝嗇的富翁，他是一個吝嗇的人，但是在這個世界上，他的價值到底是多少呢？

從富翁自身的角度來看，他把吝嗇作爲他在這個世界的處世原則，對此他是一點都不含糊，既然自己的命已經保住了，又何必傻乎乎地再付出一筆金錢呢？至於那個救他的窮人，富翁完全不去管他怎麼想，給他一便士已經很不錯了，畢竟他得到了報酬。

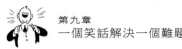

很明顯，這個富翁的自私，使得他在做事時把自己作爲中心，他將自己的得失作爲評判事物的標準，這種做法完全違背了道德，是一種不折不扣的奸詐行爲，他的這種做法，自然不會讓自己有好果子吃。

富翁的這種做法，引起了圍觀者的不滿，都準備將他再次扔到河中，要不是詩人拜倫路過且勸住了他們的這種行爲，他們或許眞的會這樣做，很明顯，富翁的這種行爲，已經讓他受到了眾人的貶低和諷刺，但是他並不在乎，事實上他已經顏面盡失，他的這種損失，是金錢無法換回來的，也是不能用金錢來衡量的。

我們再來看一看，這個一文不值的富翁，到底做錯了什麼？他在乎的是自己，讓自己擁有更多，從而讓自己更富有，他認爲得到就是自己佔到了便宜，付出的就成了自己的損失，他只是關愛自己，卻看不到別人，他的人生觀是自私和偏執的。他對自己的恩人，甚至都擺出了一副吝嗇的面孔，他的這種行爲，只能讓自己日後的生活變得更加慘不忍睹，相信他會爲自己的吝嗇付出代價。

19 什麼樣的精神病人可以出院

記者採訪了精神病院的院長，問他怎樣確定一個病人是否康復，是否可以出院。

院長對記者說：「這個很簡單，我在浴缸中注滿水，然後在旁邊放一個湯勺和大的舀子，然後讓他們把浴缸騰空。」

記者聽後說：「明白了，如果是正常的人的話，他們會用較大的舀子。」

院長說：「不，正常人會把浴缸的塞子拔掉……」

笑過之後思索多

「劈柴不照紋，累死劈柴人。」這是我國民間的一個俗語，說的就是那些不按照正常方法做事的人，他們的傻幹，只能是讓他們吃力不討好，讓他們的費勁沒有任何的效果，這種愚蠢的做法不會有好的結果。

每個人做事，都不希望自己做的是白功，因爲這種做法不僅浪費了自己的體力、精力和金錢，還很有可能被別人看成是一個十足的笨蛋。

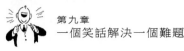

上面的這個小故事，是個很有深意的故事，連記者都選擇了舀子來舀出浴缸中的水，但實際上，不管舀子還是湯勺，都是迷惑性的條件，它們的作用只是用來干擾被考察對象的，看他們能不能看穿對他們的迷惑，從而找到最佳的測試效果，因爲在這種場合下，即便是像記者這樣的正常人，也難免藉助慣性意識，最終走入死胡同之中。

在決定去做一件事情的時候，不僅要依靠自己的努力和拼搏，任何事物都有其存在的客觀規律，所以，我們在做事之前，一定要找到這件事情的竅門，這樣才能夠事半功倍，要不然，就會做出那種不拔木塞放水，卻使勁用舀子來舀水的笑話了。

20 糟糕的健康狀態

羅本先生生病了，醫生在給他做了一個徹底的全身檢查之後，表情嚴肅地對他說：「您的健康狀態糟透了，您的肝裡有水，您的腎臟裡邊有結石，動脈裡邊有石灰……」

羅本先生很幽默地說：「如果您現在告訴我，我的腦袋裡邊有沙子，那麼我明天就準備蓋房子。」

笑過之後思索多

據美國芝加哥《醫學生活週報》報導，美國的一些醫院已經開始雇傭所謂的「幽默護士」，他們的主要工作，就是陪同重病患者看漫畫、講笑話，透過這種方式對患者進行心理上的治療，因爲他們發現幽默和笑聲，可以幫助病人減輕病痛的折磨。

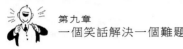

在我們的日常生活中，如果患病或者遭受到意外的傷害，幽默往往能夠及時給予我們幫助，減輕我們的痛苦，同時可以緩解我們在病痛過程中的煩悶心情。

疾病對人的打擊不小，但要是有一種灑脫和瀟灑的生活態度，他們就可以自我療傷，可以重獲生活的希望和歡樂。

21 外祖母的死而復生

經理對他的女秘書說：「你能相信一個人去逝之後又可以復活嗎？」

「這個當然不能相信了。」

經理又說：「這個就奇怪了，前兩天你還去參加你外祖母的葬禮，今天中午她卻來看望她的孫女來了。」

笑過之後思索多

不管是一個單位的主管，還是政府部門的上司，在批評下屬的時候，需要注意一下講話的方式，只有這樣做了，才能夠避免招來下屬的敵意，這就需要主管或者上司能夠掌握一定的說話技巧，透過巧妙的講話，告訴對方做的不當的地方。幽默是人們交際中的一種潤滑劑，它可以讓人們之間的關係更加和諧，如果將這種技巧用在犯了錯誤的下屬身上，也會收到很不錯的效果。

上面故事中的經理用一種幽默的方式，既達到了批評女下屬的目的，同時也避免了女秘書的敵意，更沒有損害到女秘書的面子。

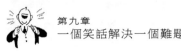

古人云：「人非聖賢，孰能無過？」下屬在工作的過程中犯了錯誤是可以理解的，但是上級主管如果對他的錯誤不管不問，對這個下屬也不是一件好事情，由此可見，主管的批評是很重要的，而且這種批評如果言辭不當，就會帶來很多不必要的麻煩，往往會導致一些意想不到的糟糕事情發生，所以，懂得運用幽默的方式來批評下屬在工作中的錯誤，可以讓事情得到更好的解決。

22 做司機的戈巴契夫

戈巴契夫有一次要參加一個重要的會議，他只能讓他的司機開快一些，司機很擔心他的安全，又擔心違規，所以只好婉言謝絕了。戈巴契夫有些著急了，命令司機和他調換一個位置，然後親自駕著車開始飛馳，很快，這輛飛馳的汽車被交警攔了下來，他們準備扣押這輛車，但是那位警員在查詢了一下之後，對警長說：「警官，車上坐著一位要人，恐怕不好扣押。」

警官不滿意地說：「上面到底是誰？」

「不好說，警官同志，不過，戈巴契夫先生是他的司機。」警員面露難色地說。

笑過之後思索多

同樣的一件事情，可以換一個角度，用另一種方法去解釋，或許也能夠收到更好的效果。

上面故事中的警員的玩笑開得非常好，如果直接說是戈巴契夫開的車，那警官必定感覺很難堪，如果這樣說，好像是告訴警長是要扣下戈巴契夫的車嗎？換了一種方式去說話，一下子鬆弛了兩人的對話神經，從而也活躍了氣氛。

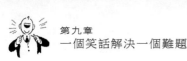

23 觀察細心的趕車人

有一次，福爾摩斯在巴黎找來了一輛馬車，他先是把旅行包扔進了車裡，然後上了車，趕車人說道：「福爾摩斯先生，您要到什麼地方去呢？」

「你居然認識我？」福爾摩斯感到非常詫異。

「我從來沒有見過你，先生。」

「那你怎麼能一下子叫出我的名字來呢？」

「這個嘛，」趕車人說，「我在報紙上看到了您在法國南部度假的新聞，看到您是從馬賽開來的一輛火車上下來的，而且您的皮膚黝黑，看起來是經過了至少一個星期以上的充足陽光照射。另外，你還有一個外科醫生那種敏銳的目光……」講到這裡的時候，趕車人停了停，福爾摩斯感覺很吃驚：「你居然有這麼細微的觀察能力，真是太神奇了！你簡直是和福爾摩斯不相上下了。」

「當然，不過還有一個很重要的情況。」趕車人說。

「什麼情況呢？」福爾摩斯感覺到很好奇。

「在您的旅行包上寫著您的名字呢。」

笑過之後思索多

車夫是一個很細心的人，他透過各個細節，瞭解了福爾摩斯的身份。

細節是我們生活中很重要的一部分，生活中會經常遇到一些難題，而且這些難題都必須去面對、去解決，這些難題的解決，未必是透過大局而入手，也許就是一個小的細節的改變，就會讓難題迎刃而解。

比如說你要打開一個密室的門，首先要找到那個有用的機關，這個機關肯定是藏在一個不被人察覺的地方，只是從整體上進行尋找很難突破，只有那些細心的能夠發現細小問題的人，才能夠找到這個機關的位置。粗心大意、不注重小節的人，是無法獲得成功的，要知道細節是致命的。

在魯班之前，不知道有多少人被長著鋸齒的草割過手指，但只有魯班在被草割過之後，根據草葉的鋸齒形狀發明了鋸子。

在牛頓之前，不知道有多少人看見蘋果從樹上掉下來，但是也只有牛頓看見蘋果從樹上掉下來之後，發現了地球引力，最終發現了萬有引力。

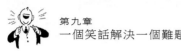

和其他的人相比，魯班和牛頓就是善於把握細節然後成爲成功的人。

難題之所以是難題，就是因爲人們都沒有想著去解決它，人們都很難注意到細節中所包含著的契機，把握好了這種契機，就算是最小的突破口，終究可以改變。

Chapter

第十章

一線之間，聰明或者愚蠢

聰明人有聰明人的笑話，愚蠢的人也有屬於他們的笑話。一般情況下，那些屬於愚蠢人的笑話，都是自以為聰明的人辦著愚蠢的事情，這種笑話在讓我們大笑的同時，還可以讓我們反思，明白一些道理。

1 被監視中的大烏龜

有兩隻烏龜，一大一小在喝可樂，大烏龜喝完自己的以後，就對小烏龜說：「你去外邊再幫我拿一瓶過來吧。」

小烏龜剛挪動了一下就不走了，他說：「你肯定會趁我出去的時候，喝完我的可樂。」「我不會這樣做的，你是在幫助我，我怎麼可能損害你的利益呢。」

大烏龜保證了很多次之後，小烏龜終於相信了他。

大烏龜在房子裡耐心地等待著小烏龜，過去了三個小時了，小烏龜還沒有回來，大烏龜就想：「小烏龜應該是不會回來了，他一定躲在外邊喝可樂去了，怎麼可能會回來，要不然，我喝掉他的可樂吧。」

大烏龜剛要喝小烏龜的可樂，這時就聽到小烏龜氣衝衝地說：「我早就知道，你會喝我的可樂，我已經在門外邊監視你三個多小時了。」

笑過之後思索多

我們在笑過這個笑話之後再次品味，很多人做事情都是藉助著自己先入爲主的思想意識，然後錯怪或者冤枉了別人，很多人總是喜歡在事情沒有確定之前，就爲其貼上自己認爲的標籤。

以前有一位著名的心理學家做了這樣一個實驗：他讓兩組參加實驗的人員，都給一位女士打電話，他給第一組的人員說，這位女士是一個冷酷、呆板、枯燥、乏味的人；告訴第二組的人說，對方是一個熱情、活潑、開朗、有趣的人。實驗結果顯示，第二組的參加者和那位女士聊得都很愉快，通話的時間也都長於第一組的參加者，第一組的很多人，都沒有辦法和這位女士順利地交談下去。

出現這種狀況的原因很容易理解，在做事情之前的先入爲主的觀念，已經決定了你的交往方式，無論是你的語言還是你的非語言資訊，都會起到影響作用。

佛洛依德的潛意識理論，講的就是這個道理，他告訴我們：人的行爲和語言，受著無意識的態度和觀念的影響，甚至是支配，這些沒有經過意識過濾的態度和觀念，會透過極其微妙的途徑，傳達到對方的身上，從而使事情向自己預想的方向發展。如果這些態度和觀念是消極的、是帶有敵意的，就會產生不可想像的後果。

人際交往中，人們都有保持心理平衡的需求，你如何看待別人，別人就會怎樣看待你；同樣的，你怎麼對待別人，別人就會怎麼對待你。所以如果有人在交際的過程中，顯示出了對對方的消極看法，那麼，這些看法會慢慢流露出來，透過自己的語言或者其他行爲表現出來，對方察覺到這些資訊之後，也會作出相應的反應。

人際交往中，你對別人的態度和別人對你的態度是相同的，甚至可以說是完全一致的。有位心理學家曾經說過：我們可以從別人的臉上讀到自己的表情，這句話就是最好的人際交往中，預期態度決定成敗的總結。

2 喜歡喝酒的一對老年夫妻

有一對有趣的老年夫妻，他們背著自己的酒去集市上賣，因爲他們二人都非常喜歡喝酒，所以相約，都不許白喝酒罈子裡的酒，要喝就得付錢。

二人翻過了一座山，然後坐在地上休息，老頭就忍不住想喝酒了，於是他從口袋裡拿出一枚硬幣，給老太太說：「我現在拿出了錢，我是可以喝酒的啊。」

「當然，只要你給錢就可以喝酒。」老太太說著。

老頭子把硬幣放到了準備用來裝酒錢的袋子裡，然後舀了兩瓢酒喝了下去。

旁邊的老太太看著有點嘴饞，也從口袋裡拿出一枚硬幣，也要喝酒，她把錢也放到了那個袋子裡邊，然後喝了兩瓢酒。

沒想到，老太太剛把小瓢放下，老頭又拿出了一枚硬幣又喝了兩瓢。

就這樣兩人還沒有走到集市上，就把罈子裡的酒全部喝完了。

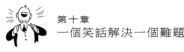

笑過之後思索多

笑過之後，我們再品味這個故事裡的道理，每個人都做著賺錢的美夢，但是很少有人能夠實現這個夢想，更多的人其實都只不過是把自己右口袋裡的錢，挪到了左邊的口袋裡而已，但是因爲他們的錢一直在流動，所以他們感覺非常踏實，他們也從來不去思考，這些錢的來源和去處。這樣即便過上很多年，他們的口袋裡的錢，沒有眞正意義上的增加。

這樣的做法，在精神上可以帶給人們極大的滿足感和自我安慰，可是這種帶有點自欺欺人感覺的情況，其實還是在欺騙著自己。

就像上面這對有意思的老年夫妻，表面上看他們好像把酒全部都賣出去了，而且他們還喝到了酒，可以說是兩全其美的一件事情，但實際上是他們喝了自己的酒，而錢卻一點都沒有增加。

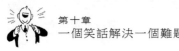

3 魔鬼都沒有辦法滿足你的願望

一個長相醜陋的女人，獨自一人在海灘上散步，這個時候她看到了一個瓶子，她打開後，出現了一個魔鬼，魔鬼對她說：「你把我放了出來，給了我自由，你向我提出的任何要求，我都可以滿足你。」

於是，這個女人想了想說：「我想變成一個漂亮的女人，有伊莉莎白．泰勒一般的頭髮、有碧姬．芭鐸一般的眼睛、還有像蘇菲亞．羅蘭一樣的身材。」

魔鬼看了她一眼以後說：「親愛的，你還是把我裝回瓶子吧。」

笑過之後思索多

我們再來品味一下這個笑話裡蘊涵的道理，人一生把握機會很重要，很多人一旦抓到機會，就希望可以從此一步登天。但是，只要仔細想一下就知道了，如果你拼命榨取機會，那麼機會很有可能離你而去。舉一個簡單一點的例子，如果你遇到的機會是一個籃子，大約五公斤的承重能力，而你卻打算在裡邊裝入將近二十公斤的東西，你想把它當做一個筐來使用，這樣自然會得到不好的效果。

過分的要求，不僅讓自己的希望最終落空，也會讓好不容易得到的機會，從自己的指縫間溜走。就像上面笑話裡面的那個醜女人，她一口氣想變成特別漂亮的人，這下子連魔鬼都不能滿足她的要求了，她喪失了一次讓她擺脫醜陋的機會。

所以無論是面對良好的機會還是生命中的貴人，一定要適可而止，不要讓自己的願望成爲別人的負擔，最終失望的還會是自己。

4 沒有玩好的數字遊戲

一家服裝公司的老闆，因爲積壓了幾百套的夏季男裝而感覺到鬱悶。

這個時候，有個代理人建議他把存貨寄到外省去。老闆認爲外省的人們現在也不需要夏季的衣服。

代理人說：「不一定，我們把包裝做得精美一些，然後我們把十件作爲一包，但告訴顧客我們只裝八件，而且按八條計算價格，這樣他們就認爲他們占了便宜，肯定會願意買我們的貨的。」

老闆也認爲這是一個不錯的注意，於是按照代理人的想法做了。

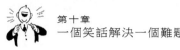

過了大概有一周，老闆找到代理人，非常生氣地說：「你看，我被你騙了，他們不但沒有留下我的貨，而且只退回來了八件衣服。」

笑過之後思索多

我們來品味這個笑話，人們的想法只是藏在自己的大腦裡，任何人都是無法預料的，但是生活中總是有些人自以爲是，認爲可以預料別人的想法，甚至認爲別人會按照自己的想法去做事。

這種理所當然的人，就是因爲自我肯定意識膨脹的一種表現，他們的目的，是爲了表現自己的聰明才智，表現他們與眾不同的地方，從而滿足自己的虛榮心。

但是，並不是所有人都買他們的賬，如果他們的把戲被別人看穿，就會讓自己遭殃。

在上面故事中的代理人，就是個自以爲聰明的人，他以爲外省的人都會受騙，所以出了這麼一個餿主意，但沒有想到的是，最終只能讓他們自己吃虧。

一廂情願的想法充滿著冒險性，這種想法在我們的現實生活中，往往會遭到冷遇，所以，儘量不要嘗試這種想法和做法。

5 聰明反被聰明誤

傑卡斯和盧西奧是兩個美國人，他們兩人相約旅行的時候，在坎培拉住了幾天。他們所住旅館的老闆娘，是個風韻猶存的寡婦，他們兩個人和她都很熟悉，等到他們離開澳大利亞的時候，三個人在酒吧裡度過了一個愉快的夜晚，然後就收拾東西去了。但是收拾完東西後，傑卡斯在半夜溜進了老闆娘的房間……

第二天早上兩個人要離開了，老闆娘把傑卡斯叫到自己身邊說：「我只是知道你們兩個的名字，但是卻和人對不上。」說完，她給傑卡斯遞上了筆和本子。

傑卡斯反應很快，於是他在老闆娘的本子上，寫上了盧西奧的名字和家庭地址。

一次旅行中的這個小插曲，傑卡斯很快就忘記了，大概半年之後，有一天晚上，盧西奧給他打來電話，對方非常激動地說：「傑卡斯，你還記得坎培拉的那個老闆娘嗎？我們曾經在那裡住過，那邊的律師給我打來電話，說老闆娘死了，臨死的時候，把她的所有遺產都留給了我，我現在都有點糊塗了，我只是和她聊得比較來而已，只是和她一起喝過酒而已。」

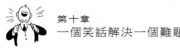

笑過之後思索多

看完這個故事，我們再來想一下，生活中總是會有一些聰明的、懂得如何辦事的人，他們做任何事請總是輕車熟路，可是他們終究卻是一事無成，但是他們的聰明才智，在他們的不斷算計下開始下降，最終只能是讓自己悔恨。

這種人的確是很聰明的，但是他們的聰明，總是用在沒有意義的算計上，反而是浪費了自己的時間。他們總是生活在別人的廉價的讚揚和羨慕中，往往失去了真正可以做大事的機會。

就像上面故事裡的傑卡斯，就是這樣一個聰明、善於投機取巧，但是沒有勇氣也缺少男子漢氣概的人，他只會耍小聰明，卻缺少敢作敢當的勇氣，自己佔了便宜，還想讓自己的朋友背黑鍋，結果卻讓他失去了一筆不菲的財富。

6 騙不來的金幣

有個人想把一個孩子的金幣騙到手。

於是這個人走到孩子的面前，然後拿出幾個銅幣說：「我們來交換吧。」

孩子答應了他的要求，但是孩子也提出了一個要求：「你必須裝毛驢叫。」

這個人見四周沒有人，爲了能夠把金幣弄到手，於是就學了幾聲驢叫。

這個孩子說道：「連毛驢都能分清楚金幣和銅幣的價值，難道我分不清楚嗎？」

笑過之後思索多

自以爲是的人，總是有一個缺點，就是會讓自己的聰明過度膨脹，但實際上他的聰明才智在降低，他們在利益的驅使下，很有可能做出和自己的聰明才智不符的行爲來。

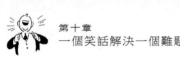

這種情況在局外人眼裡，簡直就是一齣笑話，劇中的主角讓人忍俊不禁，他醜態百出，滑稽好笑。

上面故事裡的那個人，原以爲很容易就可以騙來小孩子的金幣，但是沒有想到被小孩子以自己的方式耍戲了一番，他過分高估了自己的智商，也過低估計了孩子的智商，結果最後以學驢叫來騙金幣，但還是失敗了。

雖然不是所有的自以爲是的人，都像這個人一樣人品低下，但是他們這種心態和行爲，終究有一天會讓自己遭遇尷尬和難堪。

7 換不來金子的大蔥

有這樣一位商人，他帶著兩大袋的大蒜，來到阿拉伯做生意。那裡的人在他來之前沒有見過大蒜，自然也想不到世界上還有這樣味道好聞的東西，於是他們用他們當地最爲熱情的方式，招待了這位商人，在他的走的時候，還送給了他兩大袋金子。

有另一個商人聽說了這件事情之後，也帶著兩大袋的大蔥，來到了之前那個商人去過的地方，同樣，那裡的人也沒有見過大蔥，甚至還覺得大蔥的味道超過了大蒜，於是他們用更熱情的方式，款待了這位商人，這個時候，他們認爲用金子已經無法代表他們對商人感謝的心情，於是在商人走的時候，送給了他兩大袋大蒜。

笑過之後思索多

我們在做事情之前，總是會盤算很久，做一些準備，因爲人們堅信，如果在做事情之前多做些準備，那麼結果就可以預料。人們都相信努力終究會換來成功。

但是，在生活中總是會有很多變化，這就是「計畫不如變化快」，世界上沒有十拿九穩的事情。

在上面故事裡的第二位商人，他原本以爲他在阿拉伯人那裡，可以換來比第一個人多很多的金幣，但是卻換來了一些大蒜，這種結果眞的是讓人欲哭無淚。

8 不斷挖戰壕的新兵

「我的兒子在部隊，前兩天卻因爲工作太過於賣力氣，反而被關了幾天的禁閉。」

「怎麼會有這樣的事情？」

「有一天，主管讓他去挖戰壕，他幹得很努力，直到他把戰壕挖得很深，他原以爲會得到領導的獎賞，但是領導卻認爲他是一個貪生怕死的人。」

笑過之後思索多

做任何的事情都需要符合要求，有最基本的準則，就像我們寫文章一樣，如果你寫偏了題，即便是你寫得文采飛揚，你同樣會被別人認爲是劣等的文章。同樣，如果在生活中努力的方向出現了偏差，即便你很努力，那換來的卻是相反的結果。

所以，在我們接受到一項工作的時候，首先要確定吩咐者的意圖是什麼，然後想明白自己該去怎麼做，以及應該做到什麼程度，一定事先要有個準確定位，要不然，你的工作到最後就會變得費力不討好。

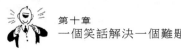

就像上面故事中所描述的新兵，就是因爲自己不瞭解吩咐者的意圖，自認爲挖得越深越好，但卻遭到了主管的訓斥和禁閉，因爲戰壕是戰場上用來掩護自己，然後發起進攻的，但是他挖得太深，就無法觀察和還擊敵人，最後也無法發起進攻，這其實就是貪生怕死的表現啊。

9 不知就裡的相親者

有一位長相甜美的小姐去相親，看見對方是一個長相一般的小夥子，於是就變得趾高氣揚起來：「請問你有別克車嗎？」

「抱歉，我沒有別克車。」對方這樣說。

「那你有三房兩廳的房子嗎？」小姐又這樣說。

「對不起，我也沒有。」

「那你還跑來和我相親。」那位漂亮的小姐說完這句話，轉身離開了相親的現場。

那位先生很鬱悶，他心裡想：「眞是奇怪，我有別墅，她卻要我有三房兩廳的房子；我有一輛寶馬，他卻讓我換成別克。」

笑過之後思索多

在我們的生活中，以貌取人是很常見的一種行爲，一眼看過去，如果對方沒有達到我們的標準，就變得趾高氣揚，挑三揀四來了，顯示出自己可憐的優越感。

但是很多時候事情並不是和他們想的一樣。不是每個人都把自己的所有全部展現出來，表面上看起來很一般的人，其實很可能有很強的能力，或者有很顯赫的身世。所以，在任何時候都不要只看到別人的外表，就輕率地下結論，更不要認爲自己有什麼傲視別人的資本，這樣會顯得非常不明智。

就像上面故事中的那位小姐一樣，她的態度，把她的無知和輕率暴露無遺，但是她的這種做法，只能讓她喪失了一個優秀的青年。

看人的時候是這樣，其實做事情的時候也是這樣，不要只看到表面就匆匆忙忙去做，這樣的話，你的眼光會有局限性，出現錯誤在所難免。

10 懂得翻眼皮的猩猩

有一天，一個人去動物園看猩猩，他給猩猩做鬼臉，猩猩也跟著做鬼臉；他向猩猩作揖，猩猩也模仿他；他又向猩猩翻眼皮，沒有想到這次猩猩卻打了他一個巴掌。

這個人非常生氣，他去找飼養員理論。飼養員告訴他，在猩猩的語言裡，翻眼皮是罵對方傻瓜的意思，這個人這才知道原因。

第二天，這個人又去動物園，他想報復猩猩。他剛開始做鬼臉、作揖，猩猩都跟著做了，這個時候他拿根棒子打了一下自己的腦袋，然後把棒子交給猩猩。

不料這次猩猩也沒有模仿他，而是向他翻了翻眼皮。

笑過之後思索多

生活中，不乏那些自以爲聰明的人，他們總是將捉弄他人作爲自己的愛好，但是別人不是傻瓜，最終被捉弄的還是自己，只有尊重了別人，別人也才會尊重你。這其實是人品的問題，如果一個人的人品有問題，他們就不會吸引別人，自然也沒有人喜歡和他交往。

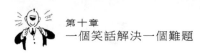

要想吸引別人，就不要只想著捉弄別人，要學會尊重，擁有良好道德的人，才是大家都喜歡的人。

11 貪婪的女導遊

爲了感謝自己的導遊小姐，遊客張琪在旅遊結束的時候，給他的導遊說：「你帶我旅遊了愛爾蘭的風光，我很感激你，我想送你一件禮物。」

這個女導遊是個貪婪的人，但是又不好意思直接提出要求，於是她吞吞吐吐地說：「我比較喜歡打扮，那就送給我一些脖子、耳朵和手指上能夠用到的東西吧。」

第二天的時候，張琪就給女導遊送來了禮物。是按照女導遊意思的戒指、手鐲和金項鍊嗎？不是。

只是一塊香皂。

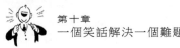

笑過之後思索多

人固然是可以有欲望的，但是不能一味地放縱自己的欲望，尤其是面對利益誘惑的時候，要懂得放得開，要不然，本來輕鬆的生活，會讓自己搞得面目全非。

一個人在生活的過程中，該懂得適度，也應該懂得知足。面對生活中的各種誘惑可以做到豁然，這樣自己就會永遠生活在快樂中，可以永遠讓自己的心態保持平衡。

12 撒謊成習慣的丈夫

丈夫要到離家二百公里之外的地方參加一個會議，並且打算之後和同事一起留在那裡狂歡。

於是他給妻子發了一條短信。

第二天回到家的時候，妻子的臉色非常糟糕。

丈夫很奇怪，他問：「難道你沒有收到我的短信嗎？」

「收到了，你說你沒有趕上十點鐘的末班車。」妻子很生氣地說：「可是，你是在九點半的時候發的短信。」

笑過之後思索多

如果你的謊言能夠很容易被人識破，這算不得高明，不但不能幫助自己，反而會帶來很多麻煩，因此一定不要撒謊，因爲一個謊言可能需要你用一百個謊言來掩蓋。

上面故事中的那位丈夫就是這樣的人，雖然他把不回家的理由說得很好，但是他卻沒有注意到時間，讓自己精心找到的藉口變成了謊言。

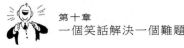

在現實生活中，誠實很重要，是一個人做人的根本，如果一個人把撒謊當成了習慣，就會很容易毀掉自己的生活和工作。

13 迎合丈夫的妻子

加爾克夫人在丈夫回來的時候還在打掃房子，當時她的衣服很髒，而且頭髮也亂糟糟的，一臉的灰塵。

加爾克說：「我累了一天了，回來居然看到你這樣的尊榮。」

鄰居西多夫夫人正好也在場，她聽到加爾克的話之後，趕緊回家收拾洗漱了一番，然後等著丈夫回家。

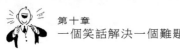

西多夫回到家的時候已經很晚了，他推開門看到妻子，很生氣地說：「今天晚上，你準備要出去嗎？」

笑過之後思索多

有些場面會讓人洩氣、讓人傷心，甚至讓人感覺損傷了尊嚴，這些場面無外乎以下幾種：一，自己的一番好意，到頭來卻沒有得到別人的認可，還認爲你有不良企圖；二，自己苦心經營的一件事情，別的人不認爲你是對的，反而認爲你是多此一舉；三，自己認爲是精明的行爲，在別人眼中是多此一舉。

這些結局，人們都不希望發生在自己的身上。

就像上面故事中的西多夫和加爾克的夫人，她們的做法雖然不同，但是她們的想法是一樣的，那就是想要讓自己的丈夫開心，但是前面講到的幾種情況，幾乎無一例外發生在他們身上。

我們做的任何事情，一方面要考慮到不要讓自己的信譽受到損害，一方面也要考慮迎合市場的需求，否則，即便是自己辛辛苦苦努力了，到頭來也會成爲別人非難自己的理由。

14 聘用那個騙子

一個老闆跑到警察局報案，他說：「有一個騙子冒充是我的推銷人員，然後在鎮子上騙取了將近十萬美元，這比我所有的推銷員賺到的還要多。你們一定要找到他。」

「請放心，我們會抓住他，我們會讓他待在監獄裡。」

老闆有些著急了：「不，你們要把他關起來呀？我是想要聘用他。」

笑過之後思索多

笑話中的老闆是一個非常精明的人，他看到了這個騙子身上的品質，所以決定大膽聘用這個騙子，雖然看起來有些冒險，但是他這種不拘一格降人才的做法，值得其他的老闆的借鑒。

主管在任用人員的時候要有膽量，要有一種求賢若渴的狀態，只有這樣，才能夠把一些有能力的人，招聘到自己的手下，如果不能任用這些人，那麼，他就是一個不懂得用人的主管。

事實上，工作中的大多數主管，都沒有不拘一格降人才的魄力，他們的做法，使得一些眞正的人才無法顯現出來，無法發揮其才能，也是間接地讓公司受到了很大的損失。

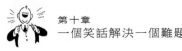

要想避免失敗，避免成爲讓公司效率降低，那就需要改變自己的觀念，應該努力、大膽地啓用人才。

15 這回動了真格的

CIA對三名應徵者進行了審核，三位應徵者來到了主考官的面前。

第一位進來後，主考官問道：「你對你的太太充滿愛意嗎？」

「是的，我愛我的太太。」

「你愛你的國家嗎？」主考官又問他說。

「是的，我愛我的國家。」

「那麼哪一個是你的最愛呢？」

「當然是國家，這個毫無問題。」

「好的，那我現在把你的太太帶到隔壁，然後你過去開槍殺死她。」

這個男子來到了隔壁的房間裡，過了五分鐘還是一片沉寂，隨後這名男子一身臭汗地出來了，然後放棄了應徵離開了現場。

第二位應徵者面臨了相同的問題，這名男子也是沒有辦法去結束自己妻子的生命，於是他也不得不放棄了。

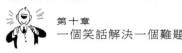

第三名的問題和回答也都是一樣的。主考官還是把槍給了他，讓他去殺死自己的妻子，這個傢伙走到那個房子裡，時間不久就響起了六聲槍聲，緊接著壓碎東西的聲音又響了好幾分鐘，隨後，這名男子帶著鬆鬆垮垮的領帶回到了面試現場，主考官迫不及待地問他發生了什麼事情。他說：「你們給我的都是空包彈，於是我只好勒死了她。」

笑過之後思索多

笑話中，考官並沒有打算讓應徵者去殺人，只不過是想測試一下他們的忠誠度和應變能力，前面的兩個應徵者的忠誠度都不夠，而最後一個應徵者卻缺乏應變能力，居然眞的殺死了自己的妻子，他眞的是愚蠢到家了。

生活中，其實也有很多這樣的情況，對方並不會告訴你他的眞實想法，他們往往是話裡有話，如果你不能理解他的語言，或許就會犯致命的錯誤，如果你動動腦子，能夠瞭解到對方的眞實想法，我們才能夠有針對性地做出相應的舉動。

社會生活中，有些時候的確礙於各方面的面子和情勢，人們往往不能夠說出自己的眞實意圖。可能他嘴上說很好，但是心裡卻認爲不值一提；如果他說還可以，或許在自己的心裡早已打了滿分；他要是認爲不滿意，也許並非眞的不滿意，只不過是想獲得更多的好處。

所以說，如果你想知道對方的心裡話，只有透過動腦子想辦法，然後獲得眞實的資訊。

16 從沒有買過彩票的「中獎者」

有這樣一個落魄不得志的中年人，隔三岔五地就要到教堂裡祈禱，他的禱告詞幾乎都是一樣的。

第一次他來到教堂的時候，跪下來，然後低聲念著：「上帝啊，看著我這麼多年敬畏您的份上，就讓我中一次彩票吧。」

又過了幾天，他又一次來到教堂，說的內容也是一樣，周而復始，不斷地祈求。

後來，他又像以前一樣做祈禱：「我的上帝啊，您爲什麼不聽我的禱告呢？就讓我中一次彩票吧，只要一次就可以了，那將解決我的所有問題。」

就在這個時候，聖壇上發出了聲音：「我一直在聽你的禱告，但起碼你自己要買一次彩票吧。」

笑過之後思索多

世界上的確有很多這樣的事情，雖然有些人都懷著成就事業的願望，但是自己遲遲不動，好運氣自然也不會來了。

爲了能夠實現自己的夢想，首先一定要有既定的目標，然後按照自己的目標走下去，徹底地行動起來，只有這樣，你才能夠得到上天的垂青，你才有可能獲得成功。

任何事情都是一樣的，要想達到目標，道路不會平坦，中間或許有阻路的猛虎，或許有荊棘險灘，不管你怎麼做，你都要面對這些困難，你要做的就是認定自己的目標，然後努力做下去，這樣即便你沒有獲得成功，那你也是每天都在離成功近一些。

不管你的夢想是大是小，不管你的夢想具體是什麼，如果你不付出努力，如果你只是將其停留在美好的願望中，終究會成爲泡影。就像上面故事中的人，他想要中獎，可是自始至終都沒有買過彩票，沒有做過努力，又怎麼可能成功呢？

17 妻子的「不放心」

「小燕，你的臉色很不好，是不是生病了？」

「沒有的，只不過是因爲我的丈夫在住院，我守護他，有點累而已。」

「難道醫院裡沒有護士嗎？」

「正是因爲有護士，所以我要日夜守著他。」

笑過之後思索多

無論是自己的物質財產還是情感，這個世界上讓人放不下的東西很多，稍不留神，自己的正當利益就遭到了別人的侵犯，所以在防著別人的同時，有時候還需要自己親自出馬。笑話中的小燕就是這樣，因爲不放心自己的丈夫在外邊拈花惹草，所以選擇了親自陪護。

當然，防備做得再好，並不意味著萬事大吉，在過程中還需要講究方法，故事中的小燕，就是因爲丈夫的原因，搞得自己臉色很難看，所以一定要找個萬全的好辦法，要不然也會防不勝防。

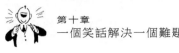

如果「不放心」成爲了自己心頭的一塊心病，那麼生活就會增添很多煩惱，美國的石油大王洛克菲勒，之前就是因爲擔心財產問題，讓自己變得很衰老，最終在醫生和心理專家的建議下，慢慢改變了對生活和金錢的看法，最後成爲了一個無憂無慮的老人。

如果在我們的生活或者工作中，遇到了「不放心」的問題，就努力想出一個好辦法來解決，或者放寬自己的心胸，不要讓事情影響到自己。

18 讓丈夫忍無可忍的妻子

有這樣一對夫妻，他們經常吵架，尤其是妻子，每天都會想出一些事情來吵，有一次，她在丈夫的外套上發現了一些長頭髮，於是她就和丈夫吵了起來，她認爲丈夫在外邊和別人鬼混。

丈夫知道她在找碴，於是他沒有說任何話，而是每次回家之前，都會把衣服清乾淨，結果妻子一連好幾天都沒有在衣服上找到文章可以做，於是在一天晚上丈夫回來的時候，她大聲哭鬧。

丈夫說：「你又怎麼了？」

妻子說：「你這個無賴，你跟以前的那個女人不來往了，現在卻和一個禿頭的女人搞在一起。」

笑過之後思索多

有的人總喜歡找到藉口和別人吵架，甚至有時候會不擇手段，這種行爲一兩次，別人會容忍他的行爲，但如果此人因爲這個原因而更加無理取鬧，很有可能讓別人遠離你。

相信世界上胸懷再寬廣的人，都會因爲別人的無理取鬧而無法容忍下去。

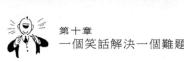

上面故事中的妻子，就是一個無理取鬧的人，丈夫其實有些可憐，他顯然已經沒有辦法容忍妻子這樣做下去，他們的婚姻很可能走向懸崖。

19 化妝後還是很難看

在一輛火車的車廂裡，有一位婦女正在精心地打扮著自己，對面有一個小女孩眼睛睜得很大地看著她。

小女孩問她：「女士，你爲什麼要這樣做？」

「哦，你是怎樣認爲的呢？」

「不知道。」

「這個是爲了漂亮。」

「但是我並沒有看到漂亮啊。」

笑過之後思索多

在生活中，總會有些令我們心不甘的事情，遇到了這種情況，人們就會想些辦法用來補救，他們只是藉此來擁有一些僥倖的希望，並且獲得一些心理上的安慰。

可是這種沒有任何希望的事情，做出來也是白白地浪費時間，實際上是並不值得的。

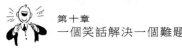

人一生的時間和精力都是有限的，對於那些眞正需要我們努力的事情，是很多的。只有把握住這些重要的、能夠對我們的人生起著重要作用的事情，我們才值得花時間去做。

所以，在我們的生活中，沒有必要爲了一些沒有希望的事情而浪費時間，我們要不斷提醒自己，對於那些沒有必要花時間的事情上，就應該快刀斬亂麻，早些結束。要不然付出了很大的努力，卻沒有收到很好的效果，就像上面故事中化妝的女士一樣，她想試圖用化妝的方式挽回青春，但終究是失敗了。

20 著急做爸爸的人

在醫院的產房外，坐著一堆準備做爸爸的人。

一位護士從產房裡出來，對著其中一個說：「恭喜你，你太太爲你生了一個小姐。」

另外一個男子突然跳起來喊道：「豈有此理，我比他先到的，卻還沒有輪到我。」

笑過之後思索多

我們現在所生活的這個看似沒有秩序，實際上秩序森嚴的社會裡，人們對於秩序的關注是很重的。機關單位裡是按照輩分的，喝酒吃飯也是有著尊卑秩序的，排隊買票是講究先來後到的……不知不覺間，順序的意識貫穿於人們的意識中，慢慢地形成了一種習慣。

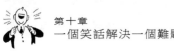

故事中那個性急的男人，在沒有辦法排隊的情況下，也要遵照先來後到的原則，一旦別人走在了他的前面，插了他的隊，他就會立刻暴跳如雷。

雖然這種日常生活中的秩序沒有多大的關係，但是卻可以給我們一種啓示：在很多情況下，機遇或者好運不會按照秩序給予人們，當得到上天的垂青的時候，我們應該感覺到幸運，也許在我們的身後，會有很多人正在羨慕者我們，甚至對我們的好運耿耿於懷。

可以假想一下，如果這種好運氣落到了你身邊的其他人身上，你又會怎麼想呢？

21 每次都能有收穫

有一對中年夫婦，在汽車站邊上開了一家酒店，每天總是要工作到深夜十二點多了，等到最後一個客人離開後，他們才能夠打烊回家。

有一次，已經到半夜兩點多了，有一個客人還伏在桌子上，顯然他已經睡著了。

老闆娘有點不耐煩了，對老闆說：「你已經出去六次了，爲什麼還不把他叫醒。」

「不，不能讓他走，」老闆很得意地說：「你看，每次我去叫他的時候，他都以爲我是來結帳的，所以就會給我十塊錢，然後又接著睡覺，目前已經給了我六十塊錢了，現在離天亮還早呢。」

笑過之後思索多

我們或許見過或者聽說過這樣的事情，本來挺好的一個人，不知不覺間就成了令人難以想像的模樣，整個人與之前有著完全不同的表現，做出害人甚至是害己的事情。

其實，這種事情是很正常的行爲，一些事實也能夠證明，人性是堅強的，但同時人性也是脆弱的，就像歷史上很多經歷過戰爭歲月炮火洗禮的人們，在戰爭結束之後的糖衣炮彈面前，失去了抵抗力，這種人的整個人生，就可以證明人性可以脆弱，也可以堅強。人們在遇到能夠讓自己心志渙散的東西的時候，就會變得失去抵抗力，就會滑向不能自拔的深淵，如果自己的這種變化被別人加以利用，這就成爲了一個敲詐的行爲。

就像上面故事中的老闆，本來他是一個好人，而且能夠爲身邊的人們去服務，但就是因爲在金錢面前失去了抵抗力，鈔票巨大的誘惑力，讓他藉助客人的醉酒開始貪婪地斂財，做出這種行爲，完全把道德觀念放在了一邊。

所以，貪婪是個可怕的東西，它有它的強大誘惑力，那些頭腦不夠清醒的人，很容易被其誘惑，在它的面前，很多人的意識就開始瓦解。在工作和生活的過程中，人們一定要不斷提高自己的思想意識，讓自己遠離誘惑，不要有一天在鏡子裡面，看見的自己是一個貪婪的、令人唾棄的卑鄙之徒。

22 引經據典的讀書人

從前有這樣一個讀書人，他特別喜歡引經據典，他自己認爲這樣做不違古訓。

有一天他們家裡失火了，他的嫂子跑來對他說：「你大哥在前院看別人下棋，趕緊把他喊回來。」

讀書人到了前院，果然看到了大哥，但是他想到：「聖人說過，欲速則不達，我索性慢慢來。」等他慢吞吞走到大哥面前，一見大哥正好在和別人下棋，他就站在大哥旁邊看下棋。

一局結束之後，他才說道：「家裡著火了，嫂子讓我叫你。」

大哥聽後很生氣說道：「你怎麼不早說，還在這裡看我下了半天棋。」

於是讀書人指著棋盤，說：「沒有看到上面寫著『觀棋不語眞君子』嗎？」

他哥哥看見這個狀況，舉起拳頭就想揍他，但還是把手縮了回去，他反而把臉湊上來說：「你還是打我吧，棋盤上不是寫著『出手無悔大丈夫』嗎？」

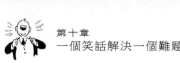

笑過之後思索多

書本可以讓人提高知識，一個人懂得一些經典故事，這樣也沒有錯，但是書本上的知識只是理論知識，我們還需要透過實踐來提高自己的認識。

一個只懂得藉助書本說事的人，其實和一個文盲沒有什麼區別，他們同樣都會一事無成。

所以說，掌握書本中的知識，並不能讓我們取得成功，我們還需要不斷透過實踐提高自己的認識，最終讓自己成爲生活的強者。

23 夢中的百萬富翁

小兵總幻想著自己有一天能夠無緣無故發一筆橫財，於是他每天念念叨叨的。

有一天，他終於得到了一筆意外之財，成爲了一個百萬富翁。

就在這個時候，他的親朋好友都來爲他祝賀，其實很多人都是來借錢的，小兵一生氣，忍不住發起了脾氣，這個時候他睜開了眼睛，原來是做了一個夢。

他坐起來說：「早知道是夢的話，就應該把錢借給他們了。」

笑過之後思索多

有些人總喜歡給自己打算盤，規劃著自己的人生，總認爲他們想怎麼著就怎麼著，認爲任何事情都是很順利的，規劃到最後就會沾沾自喜，認爲事情眞的這樣成功了。

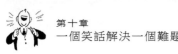

但是這種算盤畢竟是一場夢。

像上面故事中的小兵，幻想著自己能夠發大財，發大財後，卻又不希望自己的親朋好友和自己一起分享，甚至大發脾氣，雖然這些是夢中的事情，但是我們可以看到，這種事情即便發生在現實生活中，那個小兵也是不會和親朋好友一起分享的。

24 吝嗇鄰居之間的比試

有這樣兩個鄰居，一個叫張青，一個叫柳俊。

有一天，張青讓傭人去柳俊家借一把斧頭，傭人來到柳俊家說：「我的主人想向您借一把斧頭。」

柳俊聽後，說道：「眞不巧，斧頭昨天剛被別人借去了，還沒有還回來。」

傭人回來以後如實說給了張青，張青很生氣大罵道：「世界上竟然有這麼吝嗇的人，借一把斧頭都不借。既然這樣，那只好用我自己的了。」

說完，他轉身拿出了自己的斧頭。

笑過之後思索多

笑話中的張青，在埋怨別人吝嗇，但是他自己卻吝嗇得出奇。

吝嗇在人際交往中是大忌，人際交往講求的是互利互惠，一旦有人只想著自己，不懂得幫助別人，他的人際關係必然失敗。

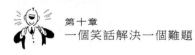

當然，吝嗇的表現不僅僅只是在財務方面，有時候也表現在感情方面，那種只知道讓別人照顧，從來不關心別人、不懂得去照顧別人的人，就是在感情上吝嗇的人。沒有人願意和這種人交往，在一兩次的交往之後，就會和他斷絕來往。

當然，吝嗇的思想並不是與生俱來的，它的產生有一定的原因。生活過程中需要的衣、食、住、行，這些都需要財務和感情，所以當人們無法滿足自己，或者剛剛滿足自己的生活基本需求的時候，就變得吝嗇，當然並不是所有的人都是這樣，這還需要視情況不同而定。

25 打針遇到的尷尬

老張去醫院打針的時候，發現人很多。

老張很著急地來到打針室門口準備詢問，這個時候卻聽到裡邊的人說：「今天是你們的最後一天實習，現在我們來做個考核。」

老張聽到這裡嚇了一大跳，他想，實習醫生的技術肯定不好。

老張出去晃了一圈，回來發現醫院裡基本沒有人了，就走進打針室說要打針。

這個時候，護士長說道：「剛才沒有及格的護士出來補考。」

笑過之後思索多

當我們在生活或者工作中，遇到自己無法解決的問題的時候，就習慣把這一切推給時間，讓時間去處理，我們會認爲只要時間一到，任何棘手的問題都能夠得到解決。

其實並不是這樣，因爲並不是所有的問題都可以由時間來解決，很多事情還需要自己去處理，僥倖的心理只能讓自己換來一時的苟安，後面甚至會陷入更大的被動中。

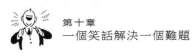

就像上面故事中老張，原本以爲時間可以幫助他，但是孰能料到時間將他推給了最危險的實習醫生。

26 看放鞭炮的問題

一個女記者就城市中放鞭炮的事情，採訪一位老奶奶。

女記者問道：「對於城市中隨便放鞭炮的問題，你怎麼看？」

老奶奶說：「我怎麼看？還不是趴在窗戶上看。」

笑過之後思索多

在笑話中，顯然對於女記者的問題，老奶奶沒有正面回答，當然這並不是老奶奶的錯，根本原因還是她選錯了採訪對象，城市隨便放鞭炮的問題，已經超過了老太太的思考範圍，她是不會想到更深層次的原因的，對於她的採訪，是不會有什麼實質性的觀點的。

生活中，我們要吸取這樣的經驗，說話的時候一定要看準對象，根據自己的說話內容去選擇對象，只有這樣，才能夠得到很好的溝通。

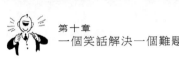

27 躲在大樹後邊的相親者

一個害羞的小夥子，就要和一個漂亮的姑娘約會了。

可是，半個小時以後，他就回來了。

母親問：「你們倆談得怎麼樣？」

「很順利。」

「那你認爲對方漂亮嗎？」

「當然漂亮，我躲在大樹後邊看得很清楚，不過如果不是我躲在大樹後邊的話，或許她也會認爲我很帥。」

笑過之後思索多

有位詩人說，害羞是一種美德，但是這種情況在詩歌裡才有效，在生活中，每個人都需要去面對，否則，眞正的生活總會游離在我們之外，永遠無法享受。

就像上面故事中的小夥子，本來一次很好的機會，就這樣白白被自己浪費了，而且他那麼害羞，估計很長一段時間裡不會有女朋友了。他只有克服這種毛病，才能夠眞正擁有愛情。

28 小氣的一家人

詹姆斯一家人正準備吃晚飯，這個時候女主人突然說：「詹姆斯，你的朋友要來我們家了，我敢肯定他們都沒有吃晚飯。」

「快點，我們每個人都拿一根牙籤在客廳裡坐著，剔牙。」詹姆斯說著。

笑過之後思索多

故事中的兩位，顯然是不重視友情的人，他們發現了沒有吃飯的朋友來拜訪他們，就會選擇非常規的對策，從而避開請別人吃晚飯的問題。他們這種虛僞的做法很讓人不解和不齒，甚至有些鄙夷。

其實在我們的生活中，這種人很多，只不過是我們不知道內情，而錯誤地以爲他們都是不錯的人。就像詹姆斯的朋友們，他們進到這家後，發現每個人都在剔牙，肯定會以爲他們已經吃過了飯，他們如果眞的沒有吃飯，顯然要再想辦法了。

其實，人虛僞一些是可以理解的，但是奸詐到像詹姆斯夫妻這樣，就很難讓人理解了，而且那種一家人餓著肚子，坐在客廳裡裝出一副酒足飯飽的樣子，肯定會很搞笑。

國家圖書館出版品預行編目資料

能言巧辯：心理專家沒說的幽默攻心術 / 龍逸文著. -- 初版. -- 新北市：華夏出版有限公司, 2023.09 面； 公分. --（Sunny 文庫；294） ISBN 978-626-7134-94-8（平裝） 1.CST：幽默 2.CST：生活指導 185.8 112000866

Sunny 文庫 294
能言巧辯：心理專家沒說的幽默攻心術

著　作　龍逸文
印　刷　百通科技股份有限公司
電話：02-86926066 傳真：02-86926016
出　版　華夏出版有限公司
220 新北市板橋區縣民大道 3 段 93 巷 30 弄 25 號 1 樓
電話：02-32343788　傳真：02-22234544
E-mail：pftwsdom@ms7.hinet.net
總 經 銷　貿騰發賣股份有限公司
新北市 235 中和區立德街 136 號 6 樓
電話：02-82275988　傳真：02-82275989
網址：www.namode.com
版　次　2023 年 9 月初版一刷
特　價　新台幣 450 元（缺頁或破損的書，請寄回更換）

ISBN-13：978-626-7134-94-8